한 마 당 글 집 3

학교는 죽었다

E. 라이머 지음 / 김석원 옮김

한마당

학교는 죽었다

학교는 죽었다

차 례

■ 옮긴이의 말

1. 학교를 왜 거부하는가 … 11
2. 학교는 무엇을 하는가 … 29
3. 학교는 무엇인가 … 51
4. 학교는 어떻게 돌아가는가 … 63
5. 학교의 기원 … 77
6. 특권유지의 제도적 기반 … 95
7. 민주적 제도는 가능한가 … 111

8. 교육자원의 재조직 … *125*
9. 교육인력의 재조직 … *137*
10. 보편적 교육의 재정문제 … *153*
11. 교육의 혁명적 역할 … *169*
12. 평화혁명을 위한 전략 … *183*
13. 우리들 각자가 할 수 있는 일은 무엇인가 … *195*

■ 저자의 말

■ 옮긴이의 말

　이 책을 쓴 E. 라이머는 다양한 경력을 가진 미국의 교육학자다. 제2차 세계대전중에는 공무원 생활을 했고 그 후에는 원자력 에너지 위원회, 미시간 대학, 시가큐스 대학 등의 연구 기관에서 활약했다. 그 후 푸에르토 리코 인력자원위원회의 사무국장을 지냈으며 <진보를 위한 동맹>에서 활약한 다음 국제문화자료센터(CIDOC)로 자리를 옮겨 교육문제를 연구했다.
　푸에르토 리코 인력자원위원회, <진보를 위한 동맹>, 국제문화자료센터 등에서는 이반 일리치와 함께 일하면서 15년이라는 장구한 기간에 걸친 토론과 대화 끝에 각기 하나씩의 저서를 냈다. 15년에 걸친 토론의 산물이 이반 일리치의 『*Deschooling Society*』와 바로 여기 소개하는 『*Schools Is Dead*』이다.
　위의 두 책은 그 제목이 시사하듯이 현대사회의 교육제도, 특히 학교교육제도를 대단히 예리하게 비판하고 있다. 교육문제만을 따로 떼어서 보는 게 아니라 전체 사회에 관련지어 보고 있으며 특히 곤궁한 사람들, 그늘에 사는 사람들에 대해 따뜻한

애정을 갖고 교육문제를 다루고 있는 혁명적인 교육론이다. 그리하여 여러 가지 교육문제(敎育問題)에 직면하고 있는 우리에게 대단히 많은 시사점을 주고 있는 것이다.

"학교란 무엇인가, 학교는 어떻게 돌아가고 있는가" 하는 문제를 E. 라이머는 이렇게 말하고 있다.

학교는 가난한 자와 부자의 구별 없이 모든 국민의 세금으로 운영되고 있다. 그런데 이 학교라는 곳을 오랫동안 높은 수준까지 다니려면 개인적으로 돈이 있어야 한다. 초등교육은 무상으로 실시되고 있으므로 누구나 다닐 수 있다고 생각하지만 반드시 그렇지도 않은 것이, 열 네 살만 되면 제 밥값은 제가 벌어야 하는 빈민들의 자녀는 무상으로 실시되는 초등교육을 충분히 이용하지 못하기 때문이다. 더구나 막대한 학비를 부담해야만 하는 고등교육은 엄두도 못 낸다. 따라서 여유가 있는 자들만이 국민의 세금으로 세운 고등교육기관을 충분히 이용할 수 있으며 이를 잘 이용한 자들에게만 베풀어지는 혜택을 누릴 수 있다는 것이다. E. 라이머는 학교제도의 재정을 이렇게 논하면서 교육의 이념을 말한다. 오늘날의 학교는 국가에 의해 운영되고 있다. 따라서 학교는 국가의 이념을 가르치고 교육이 높은 수준에 이를수록 통치하고 지배하는 방법을 가르침으로써 국가에 봉사하는 자질을 길들인다는 것이다. 마치 중세(中世)의 국교(國敎)와도 같은 존재가 된 학교는 모든 가치와 규범을 규정하는 사회의 재판소가 되어 막강한 힘을 갖고 있다는 것이다.

학교는 이제, 하나님과 사람 사이에 끼여들어 하나님의 뜻과는 달리 말을 잘 듣고 잘 보인 자에게는 좋은 선물 즉 튼튼한 동아줄을 내려 주고 그렇지 않은 자에게는 나쁜 선물 즉 썩은 동아줄을 내려 주는 교회와 같은 존재가 되었다고 한다. 이런 의미에서 인간의 잠재력을 개발해 주고 전인적인 인간으로 키워 준다는 본래의 사명을 상실한 학교는 이제 소생되어야 한다는 것이 E. 라이머의 주장이다.

이는 비단 학교만의 문제가 아니라 학교가 속해 있는 사회의 소생을 뜻하기도 한다. 그리하여 E. 라이머는 학교를 되살리는 길도 전체 사회의 광범위한 변화 없이는 불가능하다고 본다. 그렇지만 사회의 다른 분야가 변하면 교육분야도 변혁되리라고 기대해서는 소용없다고 하면서 사회의 근본적인 힘이 될 수 있는 진정한 교육의 중요성을 강조한다.

E. 라이머는 자신의 세계의 불합리한 점들을 그대로 내버려두지 않는 진정한 교육의 실시를, 사실을 제도적으로 왜곡하며 진실로 똑바로 보지 못하도록 하는 종교적, 정치적, 경제적 신화를

주입시킴으로써 사람을 오도하는 그릇된 학교제도로부터 교육이 해방되어야 함을 역설한다.

그리고 오늘날은 범세계적인 협동이 요구되고 있으며 공동체의 성원으로서 스스로 다른 사람들과 함께 모든 결정에 참여하고 모든 사람이 평등한 권리를 가지고 있다는 사실을 깨닫고 있으므로 모든 사람들에게 보편적인 교육이 실시되어야 된다고 그는 보고 있다.

이상에서 살펴본 바와 같이 E. 라이머의 새롭고도 창조적인 교육론은 우리들에게 중요한 시사점을 던지고 있으므로 역자로서는 꼭 읽어볼 가치가 있다고 생각되어 우리말로 옮겼으나 자신의 미력함에 부끄러움을 느낀다. 많은 독자의 비판이 있기를 바라며, 이 책에 제시된 창조적 제안들이 우리 사회의 여러 가지 문제해결에도 많은 도움이 될 수 있기를 기대한다.

1981년 7월
옮긴이 씀

1. 학교를 왜 거부하는가

· · · · · · ·

"만약에 상어가 사람이라면, 작은 물고기들에게 더 훌륭한 대우를 해 주지 않을까요?" K씨는 다음과 같이 대답했다. "물론이지, 만약에 상어가 사람이라면 작은 물고기들을 위해서 바다 속에 튼튼한 집을 지어 줄 거야, 그리고 그 속에 각양각색의 음식과 초목 뿐만 아니라 작은 동물들도 넣어 주겠지, 물고기들이 건강하고 활기차게 자라날 수 있도록 상자 속에는 언제나 신선한 물이 넘치도록 보살펴 줄 것이고 여러 가지 위생 시설까지도 신경을 써 주겠지. 어쩌다가 작은 물고기 한 마리가 지느러미를 다친다면 즉시 붕대로 감아 줄 거야, 그대로 죽어 버리면 이제까지 자기가 길러 온 보람도 없이 먹이가 사라져 버리게 될 테니까 말이다. 또 우울하게 지내고 있는 물고기보다는 쾌활하고 명랑한 물고기의 맛이 더 좋으니까 가끔씩 커다란 잔치도 벌려 가면서 기쁘게 생활하도록 배려 하겠지. 또 학교를 세워 어릴 때부터 상어의 입 속으로 들어갈 수 있는 방법을 가르치고 먼 곳에서 어슬렁거리는 상어님을 찾아낼 수 있도록 지리 공부도 가르칠 것이며, 상어님들에게 자신의 온몸을 기꺼이 바치는

∙ ∙ ∙ ∙ ∙ ∙ ∙

것이야말로 물고기의 가장 아름답고 훌륭한 임무임을 깨닫도록 윤리와 도덕도 가르쳐 줄 것이야. 특히 상어가 작은 물고기들의 장래를 위해서 앞날의 아름다운 설계를 펼쳐 보일 때는 그 말을 믿고 순종토록 가르쳐 주겠지. 그리고 그렇게 잘 따르는 물고기일수록 보다 훌륭한 음식과 시설을 향유(享有)하도록 해서, 다투어 상어에게 순종하도록 길들일 거야. 비천하고 유물론(唯物論)적이고 마르크스주의적인 모든 경향에 대해서는 경멸하고, 상대하지 않으며 자기들 중에 누군가가 그런 낌새를 보이면 달려가서 상어에게 일러 바쳐야 한다고 가르치기도 하고 말이야. ……
상어가 사람이라면 물론 예술도 한몫 거들겠지. 온갖 아름다운 색채를 동원하여 상어의 이빨이 얼마나 아름다우며 상어의 입과 목구멍이 얼마나 뛰놀기 좋은 들판인가를 깨우쳐 주는 그림이 그려질 거야. 그리고 극장에서는 상어의 목구멍을 따라 안으로 헤엄쳐 들어가는 열성적인 물고기들의 영웅담을 연극으로 상연하기도 할 것이고, 작은 물고기들이 아름다운 음악에 도취되어 꿈꾸듯이 예배당으로 몰려들고, 또 그렇게, 그야

• • • • • • • •

　말로 황홀한 감정에 휩싸여 정신없이 상어의 목구멍 속으로 밀려들겠지. 또 작은 물고기들에게 참된 삶은 바로 상어의 뱃속에서부터 시작된다고 가르치는 종교도 있겠지. …… 그리고 상어가 사람이라면 작은 물고기들은 지금처럼 평등하지는 않을 거야. 몇몇 물고기는 좋은 자리를 차지하고 다른 물고기 위에 군림하겠지. 그리고 그보다 좀 더 큰 물고기들은 자기보다 작은 물고기들을 집어삼킬 수 있는 특권도 갖게 될거야. 그래 봤자 상어에게는 더 좋은 일이지. 왜냐하면 자기네가 삼킬 수 있게 된 것은 더 큰 고기들일 테니까 말이야. 그리고 또 한 자리씩 차지하고 있는 물고기들은 다른 물고기들에게 질서를 유지하도록 지휘하는 매우 중요한 역할을 하기도 하겠지. 그러니까 아마도 선생, 관리 혹은 건물의 기사(技士) 따위가 되겠지. 간단히 말해서 상어들이 사람이 된다면 바다 속에는 문화라는 것만 남게 되겠지."

-베르톨트 브레히트 〈Kalendergeschichten〉

전 세계 어린이들의 대부분이 학교를 다니지 못하고 있다. 학교에 입학한 아이들도 대부분 1~2년 후면 학교를 그만 두어 버린다. 학교를 제대로 졸업한 아이들도 상급학교에 가서는 대부분 중퇴한다. 유네스코 자료에 의하면 전 세계의 극히 일부 국가에서만 어린아이들의 겨우 반 정도가 6년 정도의 국민학교를 이수하는 것으로 나타나고 있다.*

그렇지만 아이들은 누구나 반드시 무엇인가를 학교로부터 배우게 된다. 학교에 입학조차 못해 본 아이들은 인생의 좋은 것들이 그들에게는 전혀 해당되지 않는다는 사실을 알게 된다. 학교를 일찍이 중퇴해 버린 아이들은 그들 자신이 인생의 좋은 것을 누릴 만한 자격이 없다는 것을 배우게 된다. 학교를 좀더 다니다가 중퇴한 아이들은 이 체제가 타도될 수는 있으나 그들의 힘으로는 될 수 없다는 것을 배우게 된다. 그들 모두가 다 학교란 한 세상 편히 살기 위한 첩경이라는 것을 알게 되고, 자식들만은 그들보다 더 높은 교육을 시켜 잘 살게 만들겠다고

---

* 유네스코 자료에서 학년별 취학아동의 숫자를 검토해 보면 심지어 그러한 자료를 유지하고 있는 개발 국가 중에서도 대부분의 경우 1학년에 입학한 아이들 중 일부분의 학생들만이 국민학교 과정을 완전히 졸업하는 것으로 나타난다.
UNESCO Enrollment Data Annual Reports, Paris

마음을 먹게 되는 것이다.*

 오늘날 자기들의 자식들은 자기들보다 학교로부터 더 많은 혜택을 받게 될 것이라는 이 소망은 결국 현 세대 대부분의 사람들에게 좌절감만을 안겨 줄 수밖에 없다. 이 소망을 실현시키기 위하여 자식을 학교에 보내려 해도 너무 비싼 학비를 감당할 수 없다. 많은 사람들에게 있어서 이 희망은 실현될 것같이 보이지만, 그것은 교육의 인플레적 가치하락으로 생겨난 환상에 불과할 것이다. 보다 많은 사람들이 대학교 및 고등학교를 졸업하게 되지만 실제로 교육받은 양(量)으로 보나 질(質)로 보나 보잘것없는 것이고, 실제로 취업 관계에서 그리고 실수입 면에서도 형편없는 것이다.

 어느 나라에 있어서나 교육비용이 학생 수나 국민소득보다 더 빠른 속도로 증가하고 있다. 국민소득이 증대하여 감에 따라 국민소득 중 교육비가 차지하는 몫이 그에 따라서 서서히 증가할 수는 있지만 지금과 같은 속도로 계속 증가할 수는 없다. 가령 푸에르토 리코의 경우 1940년의 국민소득에 비해 1965년의 국민소득은 10배 가량 증가하였다. 같은 기간중 학생 수는 2배 이상 증가한 반면에 교육비용은 25배나 증가하였던 것이다.** 그리하여 1965년에 있어서조차 푸에르토 리코의 전 학생 중 9년제 학교***를 졸업한 사람은 반수도 못 되었다. 게다가 글을 읽을 줄도 모르면서 고학년(高學年)까지 올라간 비율도 오히려 25년 전보다 더 높았다. 푸에르토 리코는 비록 각 분야가 서로

---

 * 잘살고 못사는 사회의 "계층 ladder"의 의미를 보다 더 연구하려면 레이몬드 윌리엄스의 책의 결론 부분을 보라. Raymond Williams ; *Culture and Society 1780~1950*, (Harmondsworth, Middlesex, Penguin Books, Ltd., 1958)

 ** La instucción pública en Puerto Rico, ayer, hoy y mañana 1968, (푸에르토 리코 행정부 교육과 간행)

 *** 앞의 책 참조

연관되어 있기는 하지만, 각 분야의 절대 성장률은 위와 같이 각양각색이다. 국제 교육계획 연구소 International Institute of Educational Planning의 지원을 받아서, 아시아·아프리카 제국가(諸國家)에서의 교육비용에 대하여 연구한 것을 보면, 영국을 포함한 서구 제국가의 경우와 비슷한 양상을 띠고 있다.* 최근 미국의 경우를 연구한 내용을 보면 적정 수준까지의 교육**에도 800억 달러가 소요된다고 나타나는데 이 정도 금액이면 인도차이나 전쟁을 종식시키는 데 쓰이는 경비를 이에 충당하더라도 턱없이 모자라는 큰 돈이다.

결국 어느 나라건 학교제도를 통하여 국민이 원하는 교육을 그대로 실시할 수가 없다고 결론짓지 않을 수 없다. 몇몇 부유한 나라와 아직 성장병(成長病)에 걸리지 않은 나라를 제외하고는, 이 세상의 어느 나라건 국민이 정치 지도자에게 요구하는 대로 학교를 설립하여 운영할 수가 없다. 미국에서도 대학교육에 대한 끊임없는 갈망을 해소시키느라고, 흑인과 지방 소수인에게는 적정 수준의 교육을 위해서는 좀 기다리라고 하면서도 사실상 외면하고 있다. 인도, 나이지리아, 그리고 브라질에서는 극소수의 사람들이 사치스러운 교육－미국의 기준에서 보아도 분에 넘치도록 호화스러운 교육－을 향유하느라 대다수의 국민들은 아주 형편없는 교육밖에 받지 못한다.

---

* 국제 교육계획 연구소 논문을 참고하라.
  OECD(The Organization for Economic and Cultural Development for member countries)의 자료에서 발췌하였음. 배경적인 연구 1번, "교육확대 정책협의회" 부분을 보라.

**이러한 추산은 '미연방 교육청 The United States Office of Education'에서 실시한 두 가지 연구 결과에 입각한 것이다. 두 그룹의 교육자들이 각각 별도로 미국 내에서 실시되지 못하고 있는 보통교육(9년)과 고등학교 교육을 실시하는 데 소요되는 비용을 평균 잡아 산출하였다. 이 연구 내용이 공식적으로 발표되지는 않았지만 두 가지 연구비용은 모두 수십억 달러 정도로 산출되었다.

교육은 농업, 공업, 전쟁 등 어느 것보다도 규모가 큰 세계적인 사업이다. 그리고 교육비용에서 볼 때, 학교교육에 비교할 만한 것이 없다. 매스미디어가 언뜻 떠오르지만 보잘것없는 수준이다. 영화, 라디오 그리고 다른 방식으로 이루어지는 각종 출판·방송·연예 활동 등을 포함해서 신문, 텔레비전 등의 수단이 비록 그 규모가 크다고는 할지라도, 그것은 학교교육에 소요되는 시간과 비용의 절반도 못된다. 이러한 현상은, 사람이 실제로 접(接)하고 있는 시간을 기준으로 볼 때 미국의 경우에는 합당하지 않다고 할 수도 있겠지만, 그밖에 많은 나라의 경우에는 아직도 매스미디어의 혜택을 별로 받지 못하며, 이제서야 겨우 자녀들을 학교에 보내는 수많은 지방민 Rural masses 들에게는 그대로 적용된다. 단적으로 판단하기는 어려운 분야이기는 하지만, 직업훈련이 학교와 비교가 되려고 발돋움하고 있다. 그러나 아직 학교의 적수가 되지는 못한다. 전 세계를 둘러보면 학교에 다니는 사람보다 공장에 다니는 사람이 많은 나라도 약간 있다. 그러나 그러한 경우는 별로 많지 않다.* 학교교육에 소요되는 시간에 비해 직업교육은 그에 미치지 못하는 수준이라는 것을 부인할 수는 없다.**

학교교육에 제 1의 우선 순위만 부여한다면 학교교육에 드는

---

* UN에서 매년 출판되는 미국 및 다른 여러 나라의 자료에 근거하였음.

** 학교를 통한 교육비용과 직업훈련을 통한 교육비용을 비교함에 있어서 학교 비용은 전액이 학교에서 이루어지는 교육에 사용된 것이지만 직업훈련 비용은 공장에서 교육이 이루어지는 훈련기간에 든 비용을 계산한 것이다. 학교의 기능에 대하여 분석해 보면 이렇게 계산하는 것은 옳지 못한 것으로 배격되어야 하며 다른 경우에는 사실 배격되고 있다. 그러나 학교교육 비용과 직업훈련 비용을 비교한다는 이 경우에는 정당한 계산방법이다. 공장에 투입되는 돈은 제품 생산을 위해서 사용되지만, 학교에 들어가는 돈은 그대로 교육에 사용되는 것이다. 물론 어느 경우에나 사람이 지불하는 만큼 그대로 사람에게 돌아오는 것은 아니지만, 비용을 비교하는 중이므로 그러한 것으로 간주되어야 한다.

비용도 감당해 낼 수 있다고 생각하는 사람들이 있는데, 이러한 생각은 학교교육의 변화 추세(變化추勢)를 모르는 소치이다. 고등학교교육이 보편적으로 이루어지기 이전에, 더 비싼 비용을 치르더라도 대학교육이 부분적으로 소수(小數)에게 이루어지기를 열망하고 있다. 그 예로 오늘날 박사 학위가 약간 보편화되고 상대적으로 가치가 하락하자 박사 학위보다도 더 높은 수준의 어떠한 학위를 만들고자 하는 움직임이 일어나고 있다. 소비 수준에 한계가 없고, 학위가 사람의 지위를 결정해 주는 이 세상에서는 학교교육의 끝이란 있을 수 없는 이야기이다.

학교교육에 있어서는 가난한 사람들이 부자들을 위하여 세금을 부담한다는 매우 퇴행적(退行的)인 세제(稅制)가 적용되고 있다. 학교기관이 지원 받는 세금은 근본적으로 볼 때, 세금을 직접 납부하는 모든 사람들이 아니라 가난한 다수의 사람들이 실제로 그 세금을 부담한 것이다. 예를 들어 재산세(財産稅)의 경우, 건물의 소유주가 아니라 그 건물을 이용하는 사람에게로 그 부담이 떨어진다. 그리고 물품세는 생산자가 아니라 결국에는 소비자가 부담하게 된다. 반면에 교육을 위한 국가기금(國家基金)의 혜택은 현재 경제적으로 여유있는 사람에게로 돌아가고 있다.

미국민의 1/10에 해당하는 하층민의 자녀들이 학교에 다니는 기간은 평균적으로 5년이 채 못된다. 이 수준이라면 학교에서 지원하는 비용은 1년에 1 인당 500달러가 좀 못된다. 결국 이 아이들은 일생을 통하여 2,500달러 정도의 혜택을 받게 된다. 한편 미국민의 1/10에 해당하는 부유한 사람들의 자녀는 평균적으로 대학교와 대학원 1년 과정을 거치는데 그에 소요되는 비용은 35,000달러에 이른다. 이 중에서 1/3정도는 개인적인 부담이 이루어진다고 감안하더라도, 전자(前者)들의 경우보다 이들 부유한 아이들이 교육기금의 혜택을 10배 이상 받고 있다.*

학교제도는 교육기회를 균등하게 할 수 없으며, 심지어는 교육기금의 분배 관계에 있어서도 앞에서 본 바와 같이 역설적인 영향을 미친다. 현재의 학교교육체제를 고수하는 한 가난한 학생들은 부유한 학생들과 동등하게 학교교육을 받을 수 없으며 교육 체제의 성격을 결정짓는 요인이 되는 교육비 구성을 뒤엎지 않는 한 기초 과정보다도 고등교육 과정에 보다 많은 기금을 사용할 것이다. 심지어 가난한 학생들을 돕기 위하여 마련된 계획들도 오늘날의 학교 구조 내에서는 그 목적을 달성할 수 없는 형편이다.

가난한 학생들의 학업을 지원하기 위하여 미연방 정부에서 30억 달러를 책정하여 노력하고 있지만, 실제로 지원 받아야 할 학생들에게 돌아가는 것은 1/3정도가 채 못되며 그 학생들에게도 별 효과가 나타나지 않는다. 오히려 그들과 섞여 있어서 같이 혜택을 받지만 지원이 없이도 무난한 아이들에게는 상당한 효과를 나타내고 있다.** 이러한 묘한 결과는 이 계획을 실시

---

* 나는 이 계산을 미연방 교육청에서 발표하는 연례 보고서에서 교육비용에 관한 자료들을 근거로 해서 산출하였으며, 기회균등(機會均等)에 대한 '콜만 Coleman의 연구'와 같은 특별 보고서의 자료들을 가지고 보충하였다. 비록 가족 소득에 따른 취학 기간에 대한 자료와 가족 소득에 대한 교육비 지출의 자료가 공인된 자료는 아닐지라도, 나의 계산의 타당성을 주장하고 검증할 충분한 근거를 확보하고 있다. 내가 결코 편견을 가지고 계산을 하지 않았음을 확신하며, 누구라도 나의 계산을 검사하겠다면 언제든 환영하겠다.

** 1968 회계년도에 미 교육청에서 발행한 "불우 학생의 교육"의 첫 번째 '평가 보고서 Evaluative Report'에 근거하였음. 이 보고서에 의하면 가족 소득이 연 3,000 달러 이하의 학생들의 교육을 지원하려는 계획에서 지원이 이루어졌지만, 실제로 그들에게 돌아간 것은 1/3이 채 못된다. 나머지는 같은 학교에 다니지만 가족 소득이 높은 아이들에게, 그리고 이 계획을 위한 일반 지원에 쓰인 것이다.

하는 학교 실무자에게 책임이 있는 것이 아니라, 다만 한 학급 내에서 가난한 아이들을 따로 구분해 내고 그들에게만 그러한 혜택을 주는 것이 매우 어려운 까닭이다.

다른 나라와 비교해 보면 미국의 학교교육은 비교적 양호한 편이다. 예를 들어 볼리비아에서는 교육에 책정된 국가 기금의 1/2이 1%의 국민에게 쓰여지고 있다. 국민의 1/10에 해당하는 부유층과 1/10에 해당하는 하층민의 교육비 지출 비용은 약 300 : 1에 달하고 있다.* 그런데 대부분의 나라가 미국보다는 볼리비아의 실태에 가까운 형편이다.

부유한 사람들이 높은 과정까지 진학하고 과정이 높아질수록 비용이 많이 들기 때문에 학교교육제도는 앞서 말한 바와 같이 퇴행적인 세제를 만들어 내게 된다. 예를 들어 대학원은 상대적으로, 혹은 절대적으로—어느모로 보아도—학비 보조금을 가장 많이 제공받는다. 한편 대학원생들은 주로 사회의 상층 출신이다. 그럼에도 불구하고 대학원생들은 거의 교육비를 내지 않아도 되며, 심지어는 사립대학(私立大學)에서도 이러한 경우가 있지만, 공공기금에서 보조금을 받으며 공부하는 경우도 드물지 않다. 예를 들어 과학분야에서는 1년에 1인당 연구비가 수십만 달러에 이르기도 한다. 종종 대학원생들이 정당한 보수를 받지 못하는 강사(講師)나 조교(助敎)와 비슷하게 착취당하고 있다는 주장도 있지만—드물게는 실제로 그러한 경우가 있기는 하지만—긴 안목으로 볼 때 대학원 시절에 정당한 대우를 못 받는 것은 앞으로 일생 동안 보다 더 많은 보수를 얻기 위한 투자라고 보아야 할 것이다. 비록 대학교에 다니는 기간중에는 개인이 부담해야 하는 비용이 상당히 많기는 하지만, 대부분의 가난한 아이들이 다니는

---

* 이것은 볼리비아 정부에서 배포하는 취학현황 및 교육비에 관한 자료를 가지고 일리치가 산출한 것이다. 자료에 의하면, 국민 중 극히 소수만이 기초과정을 넘어서 고등교육을 받으므로 고등교육비는 모두 이 소수에게 돌아가고 있다.

기초 과정에서는 1인당 교육 보조금이 수백 달러에 그치는 데 비하면 엄청나게 많은 수천 달러의 보조금을 받고 있는 것이다.＊

경제성장을 주창(主唱)하는 경제학자들은 인도의 농부나 앨러버머 *Alabama* 주의 소작인 혹은 흑인 거주 지구의 식당 종업원 같은 사람들에게는, 사회가 그들을 흡수하여 다른 좋은 직업을 제공할 수 있을 때까지는 고등교육이 필요치 않다고 주장한다. 그리고 이들을 위한 직업은 다른 사람들에 의하여 제공되는 것이므로 우선 이를 위한 다른 사람에게 고등교육이 제공되어야 한다고 주장한다. 그러나 이러한 주장은 사회의 인구·정치 및 경제적 측면을 모르고 하는 소리다. 경제성장은 일단 어느 정도 수준에 올라서야 생활수준의 발전을 뒤받침하고 국방 및 치안 유지를 위한 재정을 마련하고 나라가 보다 발전하기 위한 시장(市場)도 확보하게 된다. 한편 인구 증가율은 학교교육기회의 실질 증가율보다도 높기 때문에 국민 대중의 교육을 연기하는 것은 문제를 더 어렵게 만들 뿐이다. 만약에 그 사회가 한 권력자에 의하여 완전히 지배된다면 인구 증가율이 임의대로 감소될 수도 있을 것이다. 그러나 최소한의 교육과 사회적 이동 *Social mobility*이 이루어지지 않는 한 저절로 인구 증가율이 감소되지는 않는다.＊＊ 그리고 현대사회에서 교육을 향한 국민의 열망은 도덕적으로도 막을 수 없는 것이며, 절대적 경찰

＊ 미국 내 각 주의 재정 자료를 종합하여 미 교육청에서 매년 편찬해 내는 보고서에 근거하였음.

＊＊ 여러 개발도상국의 인구 자료를 분석해 보면 4년 내지 6년밖에 교육받지 못한 여자보다 그 이상의 교육을 받은 여자들이 자녀를 적게 두고 있음을 발견할 수 있으며, 이러한 현상은 특히 도시에서 두드러진다. 일본의 사례를 보면, 통계학적으로 보아 교육과 도시 거주비율은 인구 증가율과 밀접한 관련을 갖고 있음이 나타나며, 특히 전통적인 농업에서 현대도시의 직업으로 전환하는 직업적 요인이 크게 작용함을 보여준다.

　Irene Taeuber ; *Population of Japan*, (Petterson, N. J : Littlefield Adams & Co., 1959)

국가가 아닌 이상 정치적으로도 막을 수 없다. 역시 마찬가지로 강제로 자식을 갖지 못하도록 하는 것도 전혀 불가능할 것이다.

학교를 아주 안 다니는 것은 경제적으로 그리고 정치적으로 가장 피해를 보게 되지만, 아마도 심리적 고통은 가장 적게 받을 것이다. 안데스 산맥에 사는 인디언 집단이나, 아프리카 종족, 혹은 아시아의 농촌은 학교교육을 거의 받지 않았으며, 겨우 양반 Elite의 자손이나 학교에 다닌다. 그들의 부모나 조상은, 그들의 자식을 학교에 보내게 되리라고는 생각하지 못했었다. 그러나 학교가 무엇을 의미하는 가를 알게 되었다. 학교에 다닌다는 것은 육체적인 노동에서 벗어나 정신노동을 하고 전통적인 관습, 의복, 음식이 아니라 커다란 도시의 그것들을 선택하는 것, 즉 전통적인 생활에서 다른 근대적인 생활로의 변화를 의미하는 것이었다. 경우에 따라서 부모들은 자식을 전통사회에 묶어 두고 이제껏 그들이 살아온 방식대로 살고, 그들의 사회가 제공하는 것만을 누리며 살아가는 것만을 원하기도 했다. 그러나 이것이야말로, 부유하고, 권력있는 사람들이 되는 것이 아니라, 남에 의하여 지배당하고 굶주림, 전쟁, 질병으로부터 헤어날 수 없는 길로 치닫는 것과 같다는 사실을 깨달았다. 그리하여 자기 자신이 막상 선택의 기로(岐路)에 섰을 때면, 비록 아무리 교육받지 못한 부모라 할지라도 그들의 자식을 학교에 보내게 된다.

학교에 처음 들어간 이 가난한 학생들은, 차라리 학교가 너무 늦게 생겨 학교에 가 보지도 못한 형과 누나보다 오히려 더 큰 고통을 겪어야 했다. 그들은 학교에 끝까지 다닐 수가 없었다. 라틴아메리카의 경우 1960년도에 학교에 입학한 아동 중에서 2학년에 올라간 학생들은 절반도 못되었으며, 다시 2학년생의 절반도 못되는 숫자가 3학년에 올라갔다.* ¾이라는 대부분의 학

---

* 칠레의 산띠아고에 있는 '라틴아메리카 경제위원회 The Economic Commission for Latin America'에서 발표한 자료에 근거하였음.

생들이 읽기를 배우기도 전에 탈락해 버렸다. 그들이 배운 것이라곤, 더 높은 학년까지 다니는 학생들에 비하여, 그들이 학교에 다닐 자격이 없고 그들의 옷이 너무 남루하고 예절도 바르지 못하고 매우 어리석다는 것 뿐이었다. 이를 통하여, 소수의 선택된 학생들이 보다 큰 특권과 권력을 갖게 되며, 그들은 가난하고 정치적으로도 무력하다는 것을 마음 속으로 깨닫게 되었다. 그러나 이들은 이전의 형과 누나같이 전통적인 제한을 용인할 자세는 갖추어지지 않았다. 약간의 교육이 커다란 불만을 심어 준 것이다. 학교를 좀더 다니다가 중퇴하는 학생들은 더 큰 아픔을 겪어야 했다. 읽지도 못할 정도로 초기에 중퇴한 학생들은 그래도 그들이 열등하다는 것을 사실로서 받아들일 수 있었지만, 높은 학년까지 다닌 학생들은 시장(市長)이나 상인 혹은 학교 선생의 자식들과 결코 다른 점이 없다는 것을 배울 수 있었다. 단지 상급학교 진학에 필요한 돈이나 권력이 없다는 이유로 중간에 주저앉아야 한다는 것을 쓰라리게 체험하였다. 그리고 그들이 단지 학교에 더 다녔다는 것만으로 좋은 직업을 갖고, 높은 직위에 오르고, 예쁜 여자를 차지하는 것을 볼 때 그들은 더욱 더 큰 쓰라림을 맛보아야 했다.

그러면 이 세상은 승리자의 세계인가? 그렇기만 하다면 그래도 학교제도는 유지해 나갈 만하겠지만, 진학 경쟁에서 승리한 자에게는 또 다른 운명이 닥친다. 터키 사람들 사이에는, 경영직(經營職)을 맡으려는 사람을 거세(去勢)해 버리는 관습이 있었다. 경영이라는 직책을 보다 잘 수행해 나가는 데 장애물을 없애는 것으로서 학교에서 그들을 거세해 버렸던 것이다. 물론 이것은 아주 간단한 비유이다. 그리고 학교에서 여자아이들이 남자아이들보다 공부를 더 잘하며, 남자아이들이 사내답게 활동하는 학생일수록 그의 성적이 떨어지는 것을 볼 수 있는데, 이것은 신체적 요인보다는 사회적 요인 때문이라는 것이 명백하다. 이러한 비유는 실제 사실을 너무 과장했다기 보다는 오히려 줄여서 말한 것이다. 학교는 소년, 소녀들을 매우 철저한 과정을 거쳐서 길들이는-즉, 사회적으로 거세(去勢)하는-작업을 수행한다. 학교에 다니려면 학교에 따르지 않을 수 없다. 즉 학교는 학생들로 하여금 사회 규범에 순종하여 따르게 만든다.*
또한 학교가 진정한 교육을 밀어내고, 화이트헤드 Whitehead와 다른 여러 교육철학자들이 죽은 지식이라고 비난한 교육을 실시한다고 할지라도, 학교에서 교과과목을 배우는 것을 주된 목표로 제시한다면 학교가 그렇게 타락하지는 않았을 것이다. 학교에서 실제로 학생들에게 요구하고 있는 것은 더욱 더 나쁜 것이다. 존 홀트 John Holt를 포함하여 생각 깊은 여러 교육자들의 말에 의하면, 학생들이 학교에서 우수하다고 평가되려면 부모의 재산과 권력 외에도, 규정을 어기고서라도 승리해야 한다는 것을 배우게 된다.**

학교에서 순종(順從)을 가르치면서 또 규정 위반을 가르치는 것은 모순되는 것이 아니라 하겠다. 규정 위반이 일종의 순종으로 생각되기 때문이다. 선생 개개인은 학생들이 무엇을 배우는가에 대하여 관심을 갖기도 하지만, 학교 조직은 학생들이 얻는 점수만을 문제로 삼는다. 따라서 학생들은 학교에서 강요하는 규정은 순종해야 하고, 별로 강요하지 않는 것은 어겨도 된다는 것을 배우게 된다. 규정에 순종하고, 규정을 무시해 버리고 혹은 규정을 나쁘게 이용해 버리는 양상이 학생들에 따라 상당한 차이를 나타내고 있다. 규정을 심하게 위반하면 퇴학당하여 그 학교 혹은 사회에 존재할 수 없다는 것을 배우기도 한다. 규정에 잘 순종하는 학생들은 그 사회에서 생산 및 소비생활을 요

---

* 리차드 호가트 Richard Hoggart는 영국 노동자계급 출신의 장학생 교육에 따르는 심리적 효과를 잘 설명했다.
 The Uses of Literacy (Oxford : Oxford University Press, 1957)
** John Holt ; How Children Fail, (New York : Dell Publishing Co., 1964)

구받는 대로 수행하게 된다. 학교 규정을 어기며 성공하는 것을 배운 학생들은 이 사회를 요리조리 이용해 먹는 사람이 되기도 한다. 학교 규율에 의하여 별로 제재를 받지 않는 학생들은 규정을 어겨야 할 필요를 별로 느끼지 않고 교육받기도 한다. 이렇게 학생들은 학교를 통하여 그 사회의 귀족이 되거나 반역자가 되기도 한다. 하여튼 이러한 것은 학교가 붕괴되기 이전에 일어나는 현상이다. 오늘날 학교는 가능한 한, 학생들이 중간에 그만두지 않고 계속 학교에 다니게 하려고 노력하며, 모든 학생들 또한 학교를 향하여 몰려들고 있는 실정이다.

 19세기 말에서 20세기 초까지만 해도 일부분만이 학교에 다녔으며, 학교에 적합한 조건을 갖추지 못한 사람들은 다른 교육 기회를 가질 수 있었다. 50년 전만 해도 모든 나라에서 10대 어린이들 중에 학교에 다니는 비율은 10%가 못 되었다. 오늘날 기술문명 시대 *technological era*가 시작되면서 이에 따라 교육이 매우 중요하게 되자 학교교육은 급속도로 성장하였다. 기술이 모든 것을 지배하듯이 한 쪽 측면에서는 교육의 지배가 학교에 의하여 이루어졌다. 우리가 학교제도의 대안(代案)을 찾으려 하는 주된 이유도 인류가 이러한 지배로부터 빠져 나오려는 것을 학교제도가 불가능하게 만들고 있기 때문이다. 학교는, 기술에 의하여 지배되는 세계에서 권력을 갖는 사람이 이 지배관계를 통하여 이득을 얻게 보장해 주며, 더구나 그들이 이 지배 관계를 거부(拒否)할 줄 모르도록 무능력화시켜 버린다. 결국 학교 운영 과정에서, 상부의 운영자에서부터 하부의 추종자까지 모두가 끝없는 경쟁―처음에는 규정에 따르다가 결국에는 규정을 깨뜨리고 나아가는 데까지 이르는 경쟁―에 휩싸이게 된다. 그 규정이 옳고, 그르고 혹은 그 경쟁이 가치 있는 것인가 아닌가는 제쳐 두고 말이다.

 오늘날 학교교육은 기술문명사회에서 보편적인 종교와 같은 위치를 차지하고서, 그 사상을 전파하고 구체화하며 사람들로

하여금 그 사상을 받아들이게 유도하고, 받아들이는 정도에 따라 사회적 지위 Social status를 부여하고 있다. 오늘날 사람들이 테크놀로지 자체를 거부한다는 것은 생각할 수 없다. 문제는 테크놀로지에 적응하고 이용하고 통제하는 것이다. 우리가 교육에 걸 수 있는 유일한 희망은 테크놀로지의 노예 혹은 테크놀로지라는 이름에 의하여 다른 것들의 노예상태로 전락하는 것이 아니라, 테크놀로지의 주인이 될 수 있는 자유인을 만들기 위한 진정한 교육이 이루어지기를 기대하는 것이다.

노예로 전락하기는 쉽지만 자유인 혹은 주인이 되는 것은 어렵다. 테크놀로지는, 환경의 오염에 의하여, 현대 전쟁을 통하여, 혹은 인구 폭발 등에 의하여 인류를 죽여 버릴 수 있다. 그리고 끝없는 소비 경쟁을 통하여, 경찰국가에 의하여 혹은 결국에는 무너지고야 말 생산 양식을 통하여 인류를 노예로 전락시켜 버릴 수 있다. 이러한 위협으로부터 틀림없이 **빠져나갈** 수 있는 절대적인 방법은 없다. 아니 사람들이 세속의 생활에 넋을 잃고 있다면 그로부터 **빠져** 나올 수 있는 방법은 없을 것이다. 미국 헌법 보칙(補則) 제 1조는 역사의 이정표라고 할 만한 것이다. "국교(國敎)는 없다. *There shall be no establishment of religion.*" 이것은 우리의 문제에서 문제의 용어와 범위만이 조금 바뀌었을 뿐이다. 교육에서만이 아니라, 개인의 생활 기회 * *life chance*에 있어서 학교교육의 일률적인 독점을 배격해야 할 것이 요구된다.

---

* 사회계층적 이동, 즉 하층에서 상층으로의 상향이동(上向移動)의 수단으로서의 학교교육을 의미한다 : 역주

2. 학교는 무엇을 하는가

 일반적으로 사람들은 학교란 교육하는 곳이라고 생각한다. 그것은 교육이 학교에서 표방(標榜)하고 있는 이념이고 목적이기 때문이다. 학교에 대하여 오늘날까지 본격적인 비판이 없었던 것은 바로 이 '교육'이라는 용어의 의미가 사람마다 서로 달랐기 때문이다. 물론 학교가 다르면 거기서 하는 일도 다르겠지만, 오늘날의 모든 나라에서 학교들은 그 종류와 수준에 관계없이 다음과 같이 네 가지로 분해할 수 있는 사회적 기능을 점차 결합시켜 나가고 있다. 첫째, 학생을 보호하는 기능 *custodial case*, 둘째, 사회적 역할의 선별 기능 *social-role selection*, 셋째, 이론이나 원리 혹은 사상을 주입시키는 기능 *indoctrination*, 넷째, 기술과 지식을 개발시킨다고 하는 통상적인 의미의 교육 기능 *education*이다. 이러한 네 가지 기능을 결합시키고 있기 때문에 매년 학교에 들어가는 비용이 그처럼 방대해져 가고 있으며, 또 이 기능들이 결합 과정에서 서로 마찰하고 있기 때문에 오늘날의 학교교육이 매우 비효율적으로 이루어지고 있다. 다른 한편으로 이러한 네 가지 기능의 결합 덕택에 오늘날의 학교가 종합적 기구 *total institution*로서의 성격을 띨 수 있었으며, 그 이면에서 본다면 사회 통제를 위한 효율적인 기구가 될 수 있다는 점도 부인할 수 없다.

보호 기능은 오늘날 거의 모든 학교에서 상당히 광범하게 수행되고 있지만 과거에 학교가 처음 설립되었던 당시에는 거의 없었던 기능이다. 물론 이 어린아이들은 그들이 정말로 사회의 정상적인 생산 활동에 참여할 수 없는 아이들이라면 마땅히 보호되어야 할 것이다. 사실상 아직도 세계 도처에서 농민이나 도시 빈민의 자녀들은 아무런 보호도 받지 못하고-부모의 보호도 받지 못하고, 학교에도 가지 못하고-자라고 있음이 사실이다. 이러한 현상은 주부들이 음식을 장만하는 지겨운 일에서부터 해방되고, 그들의 자식들도 남의 손에 맡겨 키웠으면 하고 생각하게 된 데에 기인한다. 어쨌든, 당초에는 없었던 학교의 기능 즉 보호 기능이 강조되기 시작한 것은 근대사회가 지닌 전통 사회와의 차이점에서 기인한 것이다. 일정한 연령에 달한 어린 아이들은 학교로 보내지게 되고, 아버지들은 직장으로 나가며, 조부모들이나 다른 집안 식구들은 시골이나 혹은 분가해 나오기 전의 옛집에서 그냥 따로 살고 있게 된다. 학교가 아니었더라면 어린아이들을 돌보아야 하는 일은 어머니들의 손에 맡겨질 수밖에 없었던 것이다. 그런 의미에서는 분명히 학교가 주부들을 해방시켜 주었다. 그러나 실제에 있어서 그 해방은 오히려 아이들을 학교에 얽어매고 부모들은 학비 조달 때문에 더욱 직장에 매달려야 하는 대가를 치르지 않을 수 없었다. 주부들이 원했던 것은 자식들로부터의 해방이었지만 결과적으로 학교는 그 이상으로 집안 일로부터 해방을 가져다주었다. 남편과 자식들도 역시 해방을 원하고 있다. 이 점은 한 사회 내에서 차별 대우를 받는 모든 사람들에게 마찬가지일 것이다. 그들은 그들의 주장을 집약하고 싸워 나가야 한다. 그러나 그들이 다른 세력과 힘을 합하지 않는 한 궁극적인 승리는 얻지 못한다.

학교는 보호 기능을 비교적 싼 비용으로 수행하고 있지만, 그래도 거기에는 상당한 비용이 들며 실제 학교 예산은 대부분 여기에 소요된다.* 푸에르토 리코에서 조사한 안토니 로리아 *Anthony Lauria*의 보고서에 의하면, 한 교사의 전체 근무시간 가운데 실제로 가르치는 데 소요되는 것은 불과 20%도 못 되며 나머지 대부분이 아이들을 보호하기 위한 행동통제와 기타 일상 행정업무에 소요된다고 한다. 로리아의 자료는 과거 존 가드너 *John Gardener*가 미국 연방 정부의 교육 및 보건 후생 담당 장관으로 재직하기 훨씬 이전에 발표했던 주장의 타당성을 뒷받침해 주고 있다.

당시 가드너는 고등학교를 졸업하는 사람이 12년간 학교에서 배운 것은 사실상 2년이면 충분히 다 배울 수 있는 것에 지나지 않으며, 약간만 노력을 기울인다면 1년 만에도 다 배울 수 있다고 주장하였다. 이와 같이 학교에서 실제로 제공하는 서비스 중에서 가장 자신있게 내놓을 수 있는 서비스가 이 보호 기능이며, 학부형으로서도 당연히 보호 기능의 질(質)적인 문제에 관심을 기울이기 마련인 만큼, 학교에 들어가는 비용이 다른 어떠한 사회적 지출보다도 최우선권을 가질 수 있는 까닭도 바로 이 보호 기능에 있다. 그러므로 학교의 다른 기능들은 그 보호 기능의 수행에 소요되는 여러 가지 비용을 제하고 남는 것으로 수행되지 않으면 안된다.

원칙적으로는 어린아이들이 성장할수록 보호할 필요도 줄어들어야 하고 그 보호 비용도 줄어야 마땅한데도, 실제는 오히려 그 반대의 현상이 나타나고 있다. 상급학교에 갈수록 학생들이 학교에서 보내야 하는 시간은 더욱 많아지고 학교 건물도 보다 화려해지고 학생 한 명에 필요한 학교 근무자의 숫자도 더욱 많아질 뿐만 아니라 근무자의 봉급도 더욱 높아진다. 이것은 학

---

* 1968년 푸에르토 리코 문교부와 기획부에서 주관하여 안토니 로리아 *Anthony Lauria*가 연구한 학생과 선생간의 관계를 참고하였음. 위 연구는 미발표되었다.

교가 없는 사회에서는 어린아이들이 성장함에 따라 부모들이 보호할 필요도 줄어들고 사회에 참여하여 점차로 많은 일을 하게 된다는 사실과 현격한 대조를 이루고 있다.* 고등학교 다니는 학생은 국민학교에 다니는 학생보다 더 많은 시간을 학교에 빼앗기고 또 비용도 더 든다. 대학으로 가면 학생의 시간은 거의 전부 학교에 의해 지배받게 되고, 학문의 단계가 한 계단씩 높아져 갈수록 시간당 비용도 훨씬 더 비싸다. 물론 고등학교나 대학교를 갈수록 교육비용에는 단순한 보호 기능 이외의 기능 수행을 위한 비용이 더 많이 포함되어 있지만, 학생이 학교에서 보내는 시간은 초·중고생과 마찬가지로 대학생에게 있어서도 중요한 비용 지출 요인 *cost factor*의 하나가 된다. 시간만 아니라 공간도 역시 하나의 중요한 비용 지출 요인이다. 일반 상업 지대나 공업 지대로부터 따로 떨어져 있는 광활한 대학 캠퍼스는 이웃에 있는 유치원보다 훨씬 더 많은 공간적 비용을 잡아 먹는다.

하지만 학교의 보호 기능에 대한 대가로서 치르는 돈은, 그에 대한 총비용**에 대해서 극히 적은 일부에 지나지 않는다. 학교가 어린 아이들을 보호하는 기능을 수행하면서 이제는 부유한 집의 자녀들만이 아니라 거의 모든 젊은이까지도 포함해서 소년기(少年期)에 해당하는 기간을 12살에서 25살까지 연장시키는 중요한 결과를 가져왔다. 이러한 현상은 현대적 생활양식이 '학교→직장→은퇴'라는 획일적인 과정을 걷게 됨에 따른 한 가지 부산물이다.

---

* 이러한 경향에 대해서는 고등학교에서 나타나는 노동에 대한 거부의 흐름을 보라.

　Merle E. Curti ; *The Social Ideas of American Educators*, (Patterson N. J. : Littlefield, Adams & Co., 1959)

** 원문에서는 총비용이라는 것을 costs로 표현하여 금전적 비용만이 아니라 교육에 소요되는 모든 희생을 의미하고 있는 것이다.

오늘날 어린아이와 노인들은 그들을 조금도 필요로 하지 않는 사회 속에서 사회적 문제거리로 다루어지고 있다. 이들은 현재 도시 생활 속에서 위험에 처해 있을 뿐만 아니라 또한 장애물로서 존재하고 있다. 그런데 오늘날 현대 문화생활을 영위하기 위해서 그러한 도시가 꼭 필요한 것은 아니다. 인간이 필요로 하는 물질적인 생산물들은 광범위하게 분산되어 있고 또한 고도로 자동화되어 있는 분야와 공장에서 값싸게 생산될 수 있다. 다만 전문화된 서비스의 교환을 위해서만 도시가 필요할 뿐이다. 즉 학교와 식당, 호텔이나 병원, 관공서와 같은 서비스 기관들이 도시에서 필요한 것들이다. 이들 기관에서 규모를 늘리고 고도의 기술을 사용한다고 해서 순수한 이익을 얻어내는 것만은 아니다. 병원 하나만 보더라도 규모를 늘리고 고도의 기술을 사용함으로써 여러 가지 유리한 점이 생기지만, 반면에 많은 환자들이 한 곳에만 모여들어서 혼잡을 이루어야 하는 더 불리한 점이 생기게 마련이다.

　현대의 도시가 이대로 존속하는 한, 어린아이와 노인들을 위한 제도적인 보호조치가 강구되어야 한다. 한 가지 일반적인 해결책으로서는 그들을 전부 도시 밖으로 이주시키는 정책이 있을 수도 있고, 또 다른 해결책으로서는 도시를 다시 인간화해 가는 정책이 있을 수 있겠다. 이를테면 몇몇 거리에는 사람들만 다니도록 제한하며, 도심지에 배어 있는 경쟁적 성격을 부드럽게 씻어 내는 정책 등이 있을 수 있다. 또는 상호 협력적인 어린이 보호 센터나 노약자들을 위한 특수 아파트, 새로운 종류의 직업훈련 프로그램을 마련하는 제도도 생각할 수 있겠다. 구체적인 대안(代案)을 수립하기 위해서는 각 당사자들에게 광범위한 선택의 여지를 주고서 각기 어떻게 살아갈 것인가를 결정토록 한 다음에 이루어지지 않으면 안된다. 이러한 과정에서 중요한 것은 선택이 기술적인 문제로 인해서 심하게 제약받지 않아야 한다는 점이다. 관습이나 기호(嗜好)는 법이나 제도로서 굳어져 있는 경우가 있기도 하지만, 관습이나 기호로부터 인간이 해방될 수 있게 되면 인간은 자신이 원하는 모든 것을 가질 수 있다. 그런데 이 관습이나 기호를 한 세대에서 다음 세대로 전승시켜 나가는 과정에서 결정적인 역할을 하는 것이 바로 학교인 것이다. 어린이들을 학생으로 즉 보호 대상으로 머물러 있게 함으로써 재학 기간중에는 정치적, 경제적으로 그리고 심지어는 법적으로까지 보호 대상으로 머물러 있게 한다. 학생이라는 신분으로 해서 제한을 가할 수는 없지만, 그들은 언제든지 학교에서 퇴학당함으로써 더 좋은 직장이나 사회적 지위를 누릴 수 있는 좋은 기회를 박탈당할 우려가 있다. 학교제도는 또한 오늘날 선거를 할 수 있고, 일할 수 있으며, 계약을 맺을 수 있는 권리나, 헌법에 의해 보호받고 헌법이 보장하는 특권을 향유할 수 있는 권리에 대해서 연령 제한을 둘 수 있는 중요한 근거가 되기도 한다. 학생들의 연령 폭이 점점 넓어지고 학생들의 거의 대부분의 시간을 통제함으로써 학교는 매우 많은 사람들의 보호자적인 후견인으로서 등장하였으며, 군대나 감옥, 정신이상자 수용소처럼 종합적인 기구 total institution의 하나가 되고 있다. 엄밀하게 말해서 종합적 기구란 구성원들의 모든 생활을 전반적으로 간섭하고 통제하는 기구를 의미하는 것으로 군대와 감옥, 정신이상자 수용소가 그러한 예로 들 수 있다. 엄밀하게 말하자면 휴일도 없이 기숙사에서 생활하는 학교만이 종합적인 기구라고 불려질 수 있을 것이다 하지만 엄밀하게 구분한다고 해서 그 내용이나 정신을 소홀히 하고 형식적인 면에 치우쳐서는 곤란하겠다. 학교는 자신이 미처 의식하거나 자각하지 못하는 사이에 그들의 생활과 인간성에 대하여 강력한 영향을 미친다. 그리고 이러한 현상은 그들의 성장기에 일어남으로 해서 현대인의 인생 전체에 지배적인 영향을 미친다.

    감옥이나 정신이상자 수용소에 관한 연구를 살펴보면 그러한 기구를 통하여 교정하고자 했던 바로 그런 비정상적인 행동을 오히려 조장하고 있다는 것을 발견하고 매우 놀라지 않을 수 없다. 어떤 시험에 의하면 20년 이상이나 정신병원에 수용되어 있다가 거의 치료가 불가능하다는 판정을 받았던 정신이상자들이 '정상적인' 환경에 놓인지 불과 몇 달만에 대부분이 완치되었다. 또 다른 실험에 의하면 위험할 정도로 정신이상 증세를 나타냈던 사람들에게 자치단체를 조직하도록 허용하자, 그들끼리 사고 없이 문제를 잘 처리해 갔음을 볼 수 있다.* 학생들의 불안정에 대하여도 이와 유사한 치료 방법을 적용할 수 있다면, 그것은 어린애를 가져도 벌써 여럿이나 거느릴 만한 나이의 사람들을 어린아이로 취급하는 일을 그만두고 성인(成人)으로 생활하도록 도와주는 것일 게다. 그렇게 하려면 아무래도 상급학교로 올라갈수록 교육 기능이 보호 기능과 분리되어야만 할 것이고 또 그에 필요한 여러 가지 사회적 여건의 변화가 뒤따라야 할 것이다. 그러나 사회가 계속 존속하기 위해서는 이러한 변화가 꼭 실현되어야 할 것들이다.

  보호 기능보다 더 직접적으로 교육과 상충(相衝)하는 두 번째의 학교 기능은, 젊은이들을 선별하여 장차 맡게 될 기존의 사회적 역할에 따라 분류하는 기능이다. 이 선별 기능은 고등학교와 대학교에서 이루어지는데, 학생들이 구체적인 직업을 선택하고 전문 직업에 대한 준비로서 일년 내지 십여 년 정도의 특수 교과과정을 배우기 시작하면서 이루어진다. 직업 선택을 위해서 학교에 다닌다는 것은 낭비적이며 개인적으로 보아도 불행한 경우가 많다. 왜냐하면 직업 선택을 위해서 장기간에 걸쳐 값비싼 투자를 해 왔음에도 불구하고 전문학교에 입학하지 못하고 탈락하거나 학교에 다녀도 졸업한 후에 전문 직업을 얻지

---

* 1969년 11월 11일부터 24일까지 Saratoga Springs에서 뉴욕 주립 대학교 공공관리학과 주최로 열렸던 "발전 계획 협의회 The Conference on Development Planning"에서 발표된 R. Gurjoy의 논문을 보라. 그리고 이와 비슷한 연구는 R. D. Laing의 책들을 보라.

못하고 탈락하는 학생들의 비율이 대단히 높기 때문이다. 의사나 교사의 자리가 학생들을 위해서 특별히 미리 마련되어 있지도 않으며, 만약 애초부터 병원 조수나 간호사 또는 조교에서 출발하였더라면 오히려 훨씬 더 빨리 그리고 더 값싸게 그 자리를 차지할 수 있었을지 모른다는 것을 느끼게 된다. 요행히 자기가 선택한 분야에 취업하게 된 사람도 막대한 돈과 시간을 낭비했다는 점에서는 마찬가지다. 왜냐하면 많은 직장인들의 이야기가 직장에 들어가게 되면 처음 몇 년 동안은 과거 학교 시절에 배웠던 것을 거의 이용하지 못한 채 보내게 된다는 실정 때문이다. 물론 오늘날은 이러한 낭비를 극소화시키기 위해서 상담이나 기타 여러 가지 진지하고도 체계적인 노력을 기울이고 있지만, 아무리 많은 비용을 더 들여가면서 이런 노력을 계속하더라도 할 수 있는 것이라고는 기껏해야 낭비가 계속 증대되는 속도를 둔화시키는 정도에 지나지 못하고 있다. 그것은 학교가 사회생활로부터 점점 더 멀리 유리되고 있기 때문에 생기는 현상으로, 어떠한 노력으로서도 메꾸어질 수 없는 갭 gap이 계속 확대되고 있다.

직업 선택의 문제는 그 개인의 자유로운 선택에 의하여 결정되는 것이 아니라, 대부분의 경우 그가 학교체제 내에서 얼마나 오랫동안 머물러 있었던가에 따라 결정되는 문제이다. 학교체제에서 더 이상 머물러 있지 못하고 탈락되어야 했던 시기의 나이가 몇 살이었던가에 따라서 그가 육체노동을 할 것인가 정신노동을 할 것인가가 결정되고 또한 그 사람의 봉급 수준이 결정되고 그 사람이 앞으로 생활해 나갈 영역과 교제할 수 있는 사람들의 범위, 기타의 생활양식이 결정된다. 20세기 초만 하더라도, 무슨 직업이든지 간에 밑바닥의 기초에서부터 출발해서도 얼마든지 그 직업에 들어갈 수 있는 여지가 있었다. 그러나 오늘날에는 학교가 별로 없고 따라서 졸업생도 별로 없는 나라에서도 그러한 일은 어려운 것으로 되어 있다. 미국에서는 고등학교를 졸업하지 않으면 목수가 되기 어려우며 뉴욕에서는 쓰레기를 치우는 시청 청소부까지도 학위가 있어야 한다.

그 사람이 언제 학교를 그만 두었는가에 의해서 그 사람의 장래의 경제적 지위가 결정되며 더 나아가서는 고등학교를 졸업한 학생이 어느 대학 어느 학과에 들어갔는가에 의해서 그 사람이 장래에 갖는 사회적 힘이 결정된다. 실제 하버드 대학에 입학한다는 것은 미국 사회의 주요 위계질서를 통제하는 그룹의 일원이 될 수 있는 기회가 보장되었음을 의미하고 있다. 국가적인 위계질서 뿐만 아니라 오늘날 주(州)나 지방의 위계질서도 대학에 갈 수 있는 행운아들이 독점하고 있다. 국제 기관마저도 세계적으로 열 손가락 안에 들어가는 명문 대학의 졸업생들에 의해 지배되고 있다.

물론 권력이나 재산이 전부는 아니다. 그러나 권력과 재산이 이 세상의 다른 모든 것들을 좌우하고 있는 것이다. 특히 학교체제가 확고하게 굳어진 곳에서는 존경과 찬사와 명예와 건강, 또 여러 가지의 애정까지도-비록 그것을 주문하거나 살 수 있는 사람들에게 주어지지 않는다 하더라도-권력과 재산에 의해서 좌우되거나 혹은 획득되고 있다.

그리하여 1세기도 채 안되는 짧은 기간 동안에, 과거 모든 사람들에게 있어서 모든 종류의 가치를 부여하던 가문이나 교회, 사유재산제도의 기능을 학교체제가 대부분 떠맡게 되었고 이 세계 어디에서고 모든 종류의 가치를 분배하는 가장 중요한 메커니즘으로 등장하게 되었다. 자본주의 국가에서는 학교체제가 이러한 기능을 대신 떠맡았다기 보다는 오히려 그들의 기능을 강화시켜 주고 있다고 하는 편이 더 타당하겠다. 가정과 종교, 재산 등이 진학과 우수한 성적을 얻는 데 중요한 영향을 미치기 때문에 학교가 할 수 있는 것이라곤 기껏해야 기존의 가치 분배체계 *value distribution*를 천천히 부분적으로 바꾸어 놓는 정도에 지나지 않기 때문이다. 이 점에 관해서는 제퍼슨 *Jefferson*이 공립학교 설립 문제에 대하여 이야기하는 가운데, "우리는 공립학교를 통하여 보잘것없는 대중들 속에서 한 줌의 천재를 끌어 모을 수 있다"라고 잘 표현하였다. 영국의 귀족들은 제퍼슨보다 훨씬 먼저 이러한 과정의 효과를 간파하고 대중의 지도자가 될 만한 큰 인물을 제거함으로써 그들의 지위를 확고하게 유지했던 것이다.

공산주의 국가에서는 사유재산 제도를 폐지하고 종교를 폐기시키려 시도하고 가족 문벌의 역할을 약화시키려 했던 것은 확실하지만, 불행히도 그들의 가치 재분배가 과연 얼마나 이루어졌는가에 대한 확실한 자료가 거의 없는 형편이다. 그러나 전반적으로 볼 때 그 효과는 기대에 훨씬 미달하고 있음이 사실이다. 내가 그렇게 평가할 수 있는 한 가지 분명한 근거는 두 체제가 지니고 있는 교육 체제의 성격이 매우 유사하다는 점에 있다. 공산주의 국가에서도 마찬가지로 학교가 똑같은 기능과 특성을 지니고 있기 때문이다. 공산주의 국가에서도 자본주의 국가와 마찬가지로 학교교육을 기준해서 직업을 분배해 주고, 직업과 직업의 수준, 보수의 격차, 권력과 특권을 누리는 정도를 구별해 주고 있기 때문이다. 다만, 과연 거기서도 기존 특권층의 자녀들에게만 우등상을 수여하고 있는지 여부는 아직 확인할 수 없을 뿐이다.

이러한 문제에 대해서 일찍이 국가 지도자가 관심을 가졌던 것은 1966년 중국에서 였다. 당시 중국에서는 모든 학교가 보다 현실적이고 또한 평등주의에 부합할 수 있는 교육을 실시하려는 의도에서 잠시 폐쇄되었다. 모택동은 교육이 엘리트들의 독점물이 아니라 모든 대중이 보편적으로 참여할 수 있도록 하려는 노력을 기울였던 것이다. 그러나 모택동도 그 작업을 추진하면서 도저히 감당할 수 없는 어려움에 직면하였던 것이다. 그리하여 실제 구조적인 면에서는 큰 변화 없이 학교교육을 다시 부활시켰다. 이렇게 조정하게 된 데에는 이데올로기적인 요소와 실용적인 요소가 얼마나 작용했는가 단언하기 어렵지만 하여튼 학교 문을 다시 열었던 것이다. 그러나 중국에서 학교에 대한 논의가 아직 끝난 것은 아니다. 누구나 배울 수 있고 현실적이어야 하며, 혁명적 목표에 충실한 교육이어야 한다는 점을 강조하면서 학교를 다른 어떠한 것으로 대체하기보다는 학교제도를 개혁하려는 데 관심을 두고 있는 것이다. *

이제 우리는 학교가 그토록 빠른 성장을 이룩한 배경을 찾을 수 있겠다. 학교가 처음 설립될 당시에는 대중들에게 있어서나 그들의 지도자에게 있어서 학교야말로 사회 정의를 실현할 수 있는 제도라고 전례 없는 희망을 심어 주었다. 또 엘리트에게는 그들이 마땅히 받을 자격이 있는 것 뿐만 아니라 다른 것들까지도 가져다 줄 수 있는 아주 좋은 수단이라고 생각되었다. 오늘날 이와 비슷한 기대를 받고 있는 것으로는 오직 현대 종교가 있지만 종교는 사해동포주의(四海同胞主義)를 입버릇처럼 약속하고서는 결국 배반해 버리고 만다.

학교가 그러한 기대와 희망을 좌절시킬 수밖에 없음은 원래 그 선별 기능 속에 잠재되어 있다. 학교의 선별 기능에 의해 승자가 탄생하지만 그와 동시에 패자도 또한 생겨나며 학교의 선별은 인생의 선별로 연장되어 인생의 패배자를 만들어 내게 된다. 더구나 학교에서의 경쟁이란 마치, 느린 사람일수록 더욱 무거운 짐을 지고 느리게 달리고, 빠른 사람일수록 가벼운 짐을 골라잡아서 더욱 빨리 달려 점차로 두 사람 사이의 차이가 크게 벌어 질 수밖에 없는 묘한 장애물 경주와도 흡사하다. 그럼에도 불구하고 도착 지점은 모든 사람에게 똑같이 정해져 있으며 거기에 제일 먼저 도착한 자에게 상이 수여되는 것이다. 오늘날

---

* Paul Bady ; "L'enseignement en Chine" *Esprit*, 37e année 399, Janvier 1971, pp. 73~88.

교육의 이러한 상황은 무슨 방법으로도 은폐될 수 없다. 부모들은 이러한 사실을 누구보다 더 잘 알고 있으며 교사들과 학교 경영자들도 이 사실을 수긍하지 않을 수 없는 경우가 자주 있다. 학문을 배우는 것이 다른 어느 것보다 고상하고 가치있는 것이며 최선을 다해서 배우는 것이야말로 가장 훌륭한 자세라고 아무리 미사여구를 동원해서 수식하더라eh 그러한 주장은 자기 모순을 드러내지 않을 수 없다. 이러한 상황에서는 학문 자체를 배우기 위해 열심히 노력한다기 보다는 경쟁에 이기는 것 자체를 위해 노력하기 때문에 일부분은 항상 그 대열에서 탈락하기 마련이다. 그러나 사회가 교육하는 것을 배우기 위해서 모여드는 학생들 중에서 그 절반의 학생을 차례차례 탈락시킬 수밖에 없는 오늘날의 상황이, 교육이 사회적 역할을 선별해 주는 기능과 결합됨으로써 생겨나는 최악의 결과는 아니다. 그 정도의 처벌 효과는 자기보다 나은 학생들과의 경쟁을 통과해야 상급학교에 진학할 수 있는 상황이 가져온 불가피한 결과이기도 하다. 그러나 문제는 그러한 처벌로 인해서, 나머지 반수의 탈락한 학생들로 하여금 학교에서 가르치는 것을 배우도록 유도하기보다는 오히려 그러한 노력에 반발하도록 만든다는 것이다.

  이 정도는 그래도 아무것도 아니라고 하겠다. 더 큰 해악은 학생들을 선별해서 카스트 제도와도 같은 특권적 위계질서의 틀 속에 끼워 넣는다는 점에 있다. 물론 특권이나 특권적 위계질서가 분야별로 다양하게 또 서로 무관하게 독립적으로 존재한다면, 이것이 반드시 나쁘다고 단정적으로 말하기는 어려울 것이다. 그러나 실제 문제는 모든 사람들이 이 지배적인 특권적 위계질서에 얽매이지 않을 수 없다는 점에 있다. 옛날에는 출생에 의해 결정되는 신분제도와 재산의 상속 그리고 지배 집단의 합리화 등이 기존 위계질서를 유지해 나가기 위한 수단으로 이용되었다. 그러나 오늘날 발달한 기술문명 사회에서는 학교가 그러한 모든 수단들을 직접적으로 혹은 간접적으로 대신하고 있다. 교육제도 자체만으로는 그러한 역할을 완전하게 수행하지는 못한다 할지라도 오늘날 확고하게 짜여진 교육 체제에 의하지 않고서는 다른 어떤 수단으로도 특권적 위계질서를 유지해 나갈 수 없게 되어 있는 것이 오늘날 기술문명 사회의 특징이기도 하다.

이런 추세로 학교가 사회적 역할의 선별 기능을 앞으로 몇 세대만 계속해 나간다면, 우리 사회는 아마도 모든 인간의 가치가 학교의 선별 과정에서 결정되는 무서운 실력 사회로 변할 것이다. 그 가공할 결과에 대해서는 이미 미첼 영 *Michael Young*의 『실력 사회의 등장』*이라는 저서에서 묘사된 바 있다. 그가 자신의 저서에서 묘사한 50년 뒤의 갈브레이스의 『새로운 산업 국가 *New Industrial State*』**를 투영한 것이다. 거기에 나오는 학교는 학생들을 각각 성적에 따라 선별하여 사회의 각 조직에 공급해 주는 하나의 거대한 기계 장치와 같은 인력 공급 제도이다. 이 학교 인력 공급 제도는 둔한 학생들을 좌절시키는 법이 없다. 그들은 현재의 자기 위치와 자기가 어디로 향하고 있는가를 배우게 되고 또한 그것에 만족하는 방법을 배우기 때문이다. 약삭빠른 학생들도 역시 장래의 자기의 위치를 알고 자신의 위치에 매우 만족하면서 정착하여, 실력에 기초를 두는 세습적 귀족 제도를 재건하려고 노력한다. 능력에 따라서 분배받는 사회는 모두가 한결같이 지옥과 같은 곳이라는 저자 자신의 견해를, 단테의 글을 인용해서 밝힌 후에야, 이와 같은 전도(顚倒) 된 사회로부터 인간성을 구출해 내는 해피엔딩으로 끝난다.

오늘날 학교에서 인정받을 수 있는 실력은 그 사회구조와 부

---

* Michael Young ; *The Rise of Meritocracy*, (New York : Pelican Paperbacks, Penguin Press, 1970)

** John Kenneth Galbraith ; *The New Industrial State*, (New York : The New American Library, Inc., 1967)

합되는 실력 뿐이다. 이러한 사회구조의 특징은 기술문명의 생산물의 경쟁적 소비에 있다고 하겠으며, 이것은 다시 제도에 의하여 통제된다. 한편 제도는 현재의 지배적인 특권적 위계질서를 유지하고 현재의 특권층이 새로운 '실력 사회'에서도 마찬가지로 특권적 지위에 머물러 있을 수 있는 기회를 가능한 한 확대시키는 방향으로 생산물을 통제한다.

학교에서 우수하다고 평가하는 기준의 밑바닥에는 부모의 학식 수준이 높다거나 책을 많이 가지고 있다거나 혹은 마음대로 여행을 할 수 있는 여유가 있다는 외부적인 환경 요소를 포함하고 있다. 사실상 실력 평가란 특권의 영구화를 위한 하나의 연막술에 불과하다. 학습 능력을 측정한다는 이른바 지능검사 I.Q. 테스트도 역시 이에 지나지 않는다. 최근에 I.Q. 옹호론자로 지목되는 아서 젠슨 Arthur Jensen의 말에 의하면 I.Q. 테스트는 학업 성적을 얼마나 우수하게 올릴 수 있는가 하는 능력을 측정하도록 작성한 것이라고 한다.* 미첼 영은 앞서 언급한 저서에서, 종래에 특권 유지를 위하여 사용되었던 원시적 수단에 대신해서 '실력'이라는 현대 문명사회의 수단이 사용된다면, 우리 인간생활은 지금보다 더 악화될 것이라는 견해를 보여주고 있다.

학교의 세 번째 기능으로서 사상이나 원리의 주입 기능을 살펴보자. 주입이라는 말 자체에는 이미 나쁘다는 의미가 들어 있다. 나쁜 학교가 보통 주입식 교육을 한다. 훌륭한 학교는 인간의 기본적인 가치를 가르친다. 그러나 좋은 학교든 나쁜 학교든 간에 모든 학교에서 가르치는 가치는 어릴 때의 행동규범이나 학교에서 주는 상을 타기 위해서 노력하는 것이 가치 있다고 가르치는 것이다. 즉 학교에서 가르치는 것은 자기 자신을 위해서 공부하는 것이 아니라 무엇이 옳고 무엇이 선한가를 배운다

---

* Arthur R. Jensen ; "How Much Can We Boost I.Q. and Scholastic Achievement?" *Harvard Educational Review*, (Winter 1969)

는 사실의 가치일 뿐이다.* 사실상 학교에서는 우리가 일반적으로 생각하고 있는 것보다 훨씬 효율적인 방법으로 가치관을 주입시키고 있다.

아이들은 학교에 들어가기 전부터 똑바로 걷는다거나 밥을 먹거나 인사를 하거나 하는 몸을 놀리는 법과 말하는 법, 감정을 억제하는 법을 배우고 스스로 자립하는 법도 배우며, 자발적으로 배우고자 하는 태도도 익힌다. 그러나 일단 학교에 들어가고 나서부터는 이러한 가치들은 모두 역전되어 버리고 만다. 무엇을 어떻게 언제 어디서 배울 것인가 하는 문제는 미리 다른 사람에 의하여 결정되어 버리고, 모든 배움을 전적으로 남에게 의존하는 것이야말로 가장 좋은 것이라고 배우게 된다. 배울 가치가 있는 것은 학교에서 가르치는 것밖에 없으며, 무엇인가 중요한 것이 있다면 그것도 누군가가 학교에서 틀림없이 자기들에게 가르쳐 줄 것이라는 믿음이 주입된다.

아이들은 학교가 제공하는 가치 뿐만 아니라, 그러한 가치관을 스스로 받아들이는 태도까지 배우게 되고, 그리하여 체제 속에서 별다른 마찰 없이 지내는 방법을 학교에서 배우게 된다. 즉 환경에 순응하는 것이 얼마나 중요한가를 배우는 것이다. 물론 그러한 교육이 학교 외에 다른 집단에서도 이루어지기도 하지만 주로 학교에서 집중적으로 이루어지고 있다. 학교는 어린이가 최초로 부딪치게 되는 고도로 제도화된 환경이다. 물론 취학하지 못하는 불구아나 고아들에게는 꼭 그렇다고 할 수 없으나 대부분의 어린 아이들에게 있어서 제도화된 환경은 그들을 퇴행(退行)시키는 효과를 갖고 있다.** 고아들은 제도가 요구하는 것에 대해 귀찮게 관여하지 않게끔 잘 교육받았기 때문에

---

* A. S. Neill의 하기학교나 그 이후에 생긴 몇몇 학교들이 이에 대한 예외라고 할 수도 있겠다.

** W. Dennis and P. Najarian ; "Infant Development Under Envrionmental Handicap", *Psychological Monographs* 71 : 7

그만큼 사회적으로 유용한 기여를 할 능력을 갖기 힘들게 된다. 물론 학교에 대한 찬성론은 학생들이 성인이 되었을 때 제도적 역할을 수행하는 데 필요한 적응성과 창의성을 균형있게 학생들에게 심어 주고 길러 준다고 주장한다. 일부 학교에서는 사실상 그렇게 한다. 그러나 만약 모든 학교가 다 그렇게 한다면, 도리어 여러 가지 모순들을 극복할 수 있는 가능성은 그만큼 더 적어질 것이다.

교과과정은 거의 전 세계적으로 학교마다 유사하게 적용되고 있는 데 거기에도 역시 여러 가지 가치가 부여되고 있다. 그 사회의 지배적인 자연언어 *natural language*와 기술언어 *technical language*에 대한 우선 순위 문제를 일례로 들 수 있겠다. 자연 언어에 대한 예로서 라틴아메리카에서 인디언의 말보다는 스페인 말이 더 높은 우선 순위를 갖고 있으며, 러시아에서 각종 지방 언어보다는 러시아어가 더 놓은 순위를 갖고 있다는 점을 들 수 있다. 기술 언어에 대한 예로서는 음악보다는 수학이 더 높은 우선 순위를, 그리고 문학보다는 물리학이 더 높은 우선 순위를 차지하는 것 등을 들 수 있다. 물론 그러한 우선 순위 체제에는 충분히 타당한 근거들이 있지만, 그 근거란 어디까지나 기존 질서에서 나온 것이며, 미래에 바람직한 세계의 설계에 요구되는 필요조건이나, 과거 세계가 요구하는 당위적 조건을 무시하고 있다. 더구나 이러한 우선 순위 체제는 현대 세계가 직면한 주요 문제들을 모두 잘 반영하고 있는 것이 아니라, 오늘날의 정치적 및 경제적 세력균형을 주로 반영하고 있는 데 지나지 않는다. 말하자면 영어 인구보다는 중국어 인구가 현재로서는 더 많으며 물리학 인구보다는 문학 인구가 더 많다는 것을 지적할 수 있겠다. 다만 영어나 물리학이 그 인구가 적음에도 불구하고 더 큰 힘을 가지고 있을 뿐이다.

학교에 내재하는 또 하나의 가치는 위계질서의 가치에 관한 것이다. 학교는 그 사회에서 지배적인 가치를 반영하고 있으며

동시에 계층화된 질서를 합리화해 주고 있다. 학교는 위계질서
들이 상호 연관성을 가지고 있으며 서로 분리될 수 없다는 사
실이 자연스럽고 불가피한 것처럼 보이게 만든다. 이러한 것을
구태여 학교가 가르쳐야 하는 것은 아니다. 단계적으로 편성되
어 있는 교과과정을 하나 하나 공부해 가는 과정에서 학생들은
자기도 모르게 이러한 교의(教義)의 노예가 되고 만다.

끝으로 학교에서는 앞서 말한 세 가지 기능 — 보호기능, 사회
적 선별기능, 가치 주입기능 — 을 수행한 뒤, 인식론 *Cognitive
skills*을 가르치거나 지식을 전달시켜 주고 최종에는 지식을 창
출하기도 한다. 처음의 세 가지 기능은 모두 학교를 설립하는
데 관련된 실제적인 목표이므로 필연적으로 수행되지만, 인식에
관한 모습은 비록 이것이 학교가 공식적으로 표방하는 목표이
기는 하지만, 자원이 남아 돌 때에만 수행되고 있는 실정이다.
미국의 슬럼 지역에 있는 학교나 브라질에 있는 시골 학교에서
는 인식론에 대한 학습은 거의 이루어지지 않고 있다. (이들 학
교에서는 학생 일인당 연간 교육 예산이 50달러밖에 안된다. *
어쩌다가 더러 예외적인 선생들이 나타나 인식론을 가르치기도
하고, 예외적인 학생들이 있어서 스스로 배우는 경우도 있기도

---

* 미국 빈민가의 학교교육 실정에 대하여 자세히 연구하려면 다음 책을
참고하라.
  Report on Equality of Opportunity in Education, U.S. Department of
Health, Education and Welfare, (U.S. Government Printing Office,
Washington, D.C., 1966)
  Herbert Kohl ; 36 Children, (New York : The New American Library,
1968)
  Jonathan Kozol, *Death at an Early Age,* (New York : Bantam Books,
Inc., 1968)
  브라질 농촌 학교교육의 비참상은 많이 인용되고 있다. UNESCO의 연
구 결과에 의하면, 3년이 되기 이전에 학생의 반수 이상이 중퇴해 버리는
데 이들은 글도 깨우치지 못하고 그냥 학교를 포기한 것이다.

하다. 그러나 그것은 어디까지나 학교체제가 확장되고 선생들의 수효가 절대적으로 많아져 감에 따라 생겨나는 예외적인 현상에 불과하다. 더구나 그러한 예외적인 현상은 학교가 있기 때문에 생겨날 수 있었던 것이 아니라, 오히려 학교가 교육을 통제하고 있음에도 불구하고 일어날 수 있었다고 평가해야 옳을 것이다. *

학교는 그들의 존립 근거로서 기술이나 언어나 산수를 가르치는 것을 주로 들고 있다. 학교 옹호자들은 흔히 '학교가 없다면 어린아이들은 도대체 어디서 책읽는 법이라도 배울 수 있겠는가?'라는 이야기를 한다. 그러나 실제에 있어서 문자 해득력은 학교교육을 받기 이전에 익히는 것이 보통이다. 인구조사에 의하면 전체 인구 중에서 문자 해득이 가능한 사람이 학교교육을 받은 사람보다 항상 더 많게 나온다. 그리고 학교교육이 보편적으로 이루어지고 있는 지역에서 학교를 다니면서도 문자 해득을 못하는 어린아이들이 있기도 한다. 일반적으로 문자 해득 능력이 있는 부모의 자녀는 학교를 안 다녀도 문자를 해득하고, 문자 해득 능력이 없는 부모의 자녀는 학교를 다녀도 문자를 못 배우는 경우가 흔히 있다. **

---

* Paulo Freire, "The Adult Literacy Process as Cultural action for Freedom" *Harvard Educational Review*, Vol. 40, No. 2, 1970. 5. 2., pp. 205~25.

Paulo Freire ; *Pedagogy of the Oppressed*, (New York : Herder & Herder, 1970)

Paul Goodman ; *Growing up Absurd*, (New York : Alfred A.Knopf, 1960)

Joel Spring ; "Education and the Rise of the Corporate State.", (CIDOC, 1970)

** 푸에르토 리코까지 포함한 1910년도 미국 인구 조사에 의하면, 푸에르토 리코 사람들이 10% 정도밖에 학교 교육을 받지 않았지만 그들은 대부분 글을 읽을 줄 알고 있었다.

물론 학교교육이 보편적으로 이루어지는 사회에서는 대부분의 어린아이들이 학교에 들어가고 나서부터 읽기를 배운다. 아이들이 문자를 읽는 나이와 학교에 다니는 나이를 비교해 보면 이 사실은 거의 반론의 여지가 없다. 그러나 학교교육이 완전히 실시되고 있는 사회에서도, 말을 유창하게 할 수 있는 학생은 많지만—이것은 학교가 아닌 즉 학교 밖에서 배우는 것이다.*—책을 유창하게 읽을 줄 아는 학생은 드물다. 책을 잘 읽는 아이들은 누군가가 시키기 때문이 아니라 자기 나름대로 재미가 있어서 많이 읽기 때문이다. 이 사실은 훌륭한 독서 능력이 다른 기술과 마찬가지로 연습의 결과라는 것을 말해 주고 있다. 수학에 관한 자료는 학교의 존립 근거를 더욱 의심스럽게 만든다. 아무리 문명자라고 하여도 일단 돈을 가지고 계산하는 화폐경제에 접하게 되면, 더하고 빼고 곱하고 나누는 계산 정도는 저절로 익히게 된다. 또한 학교교육이 완전히 이루어지고 있는 사회에서 교육을 많이 받은 사람이라고 해서 다른 사람보다 수학을 아주 많이 아는 사람은 상당히 드물다. 그리고 고등학교에서 수학을 배우는 학생들 중에 객관식 수학 시험에서 연필 굴리기 식으로 단순한 요행을 바라지 않고 문제를 풀어 갈 수 있는 학생은 매우 낮은 비율을 차지하고 있다.**

---

* Coleman의 보고서 *Report on Equality of Oppotunity in Education*, supra에 의하면 학생들의 성적에 영향을 미치는 것은 학교의 수준이나 교육비나 선생의 교육 준비와 같은 것보다도 부모의 학식 수준과 같은 교육 배경이 더 크게 작용한다.

** 다른 나라의 경우도 푸에르토 리코와 대동소이하다. 다른 나라와 비교하려면 다음 책을 참고하라.
  (1) Pittsburgh 대학교에서 Flanagan 등이 연구한 'Project Talent'
  (2) Torsten Husen의 *Achievement in Mathematics in Twelve Countries*, (International Educational Achievement Association Project of the Institute of Pedagogy, Hamburg Germany)

제롬 브루너 *Jerome Bruner*와 그의 제자들이 수집한 자료에 의하면 학교에 다니는 아이들이 학교에 다니지 않는 아이들이 배우지 못하는 개념들을 배운다고 주장한다.* 쟝 피아제 *Jean Piaget*는 그러한 개념들을 조사했는데 그에 의하면 프랑스나 스위스와 같이 교육이 이루어지는 나라의 어린이들은 7~8세가 될 때부터 벌써, 짧고 넓은 실린더로부터 길고 가는 실린더로 물을 옮겨도 그 물의 양에는 아무런 변화가 없다는 것을 배운다는 것이다. 브루너의 제자들에 의하면, 프랑스 식의 학교에 다니는 아프리카 밀림의 어린이들이 학교에 다니지 않는 다른 아이들보다 이런 종류의 개념을 잘 배운다는 사실을 발견했다고 주장한다. 그러나, 이들의 주장은 학교 이외의 다른 학습환경이 가져다주는 학습 효과는 고려하지 않고 무시해 버렸다. 다른 모든 조건을 동일하게 고정시켜 둔 상태에서 학교교육만이 가져올 수 있는 고유의 효과를 제시하지 못하는 한, 브루너의 연구결과는 단지 환경이 개념을 배우는 데 영향을 미친다는 것을 보여줄 뿐이다.

학교교육에 대한 또 하나의 찬성론은 학교가 문법이나 수학 및 과학의 이론, 그리고 예술을 가르친다는 것이다. 물론 옳은 이야기이다. 그러나 문제는 그러한 것을 과연 학교에서 더 많이 배울 수 있느냐 하는 것이다. 교육목표 달성 여부를 측정해 보면, 학교는 이러한 점에서 볼 때 별 의미를 갖지 못한다. 수학의 경우를 보면 단지 소수의 학생들만이 실제적으로 문제를 풀어 갈 수 있는 능력을 갖추고 있다. 결국 교육에 흥미를 느끼는 학생은 성적이 좋고, 그렇지 못한 학생은 성적이 나쁘다. 학교가 과연 이 흥미를 북돋아 줄 수 있는지 여부는 의심스럽다. 아인슈타인은 그가 학위 시험을 준비하느라 학교에 열중해야 했

---

* Jorme S. Bruner, Rose R. Olver, Patricia M. Greenfield et al, *Studies in Cognitive Growth*, (New York : John Wiley & Skons, Inc., 1967)

던 기간에 대해 개탄해 마지 않으면서, 결과적으로 그 때문에 그 후 수 년간이나 창조적 연구를 할 수 없었다고 말했었다.

　인식에 대한 학교교육이 미치는 영향—아인슈타인이 불평했던—이 얼마나 유해한가는, 학교가 부유한 아이들과 가난한 아이들에게 미치는 영향을 비교함으로써 잘 나타날 수 있겠다. 가난한 학생들은 학교에서 사용하는 전문적인 학습 자원이 없기 때문에 학교에서 뒤로 쳐지게 되며, 학교에서 사용하는 학습 자원을 싫어하게 되며 얼마 안 가서는 결국 패배감을 느낀 채 자신은 학교교육에 적합하지 않다고 생각하고 학교를 떠나게 된다. 반면에 부유한 학생들은 그러한 자원의 혜택을 얼마든지 받을 수 있기 때문에 학교에서 가르치는 것을 아주 잘 배우게 되고 따라서 학교 성적이 좋아지며, 그들의 자발적 노력 없이 공부한 결과로도 상을 받고 또 그렇게 됨에 따라 학교교육 체제에 매달리게 된다. 이리하여 가난한 학생들은 공부할 의욕을 상실하고 학교가 마련한 교육자원을 부유한 아이들에게 빼앗기게 된다. 반면에 부유한 학생들은 자기 자신의 자원보다는 학교가 제공해 주는 자원을 더 좋아하도록 배우며, 가르침을 받는 즐거움을 위해 자발적인 학습을 포기하게 된다. 아인슈타인이나 엘드리지 클리버 *Eldrige cleaver* 같은 몇몇 소수의 사람들은 학교에서 잃은 시간이 많지 않지만, 대부분의 사람들은 진정한 교육을 받을 중요한 기회를 잃고 마는 것이다.

3. 학교는 무엇인가

· · · · · · ·

    직접적 경험에 의한 지식 *knowledge*은 지적 생활의 궁극적 기반이 된다. 반면에 책을 통해서 배우게 되는 것은 대체로 간접적인 정보 *information*에 불과하며 직접적 실천이 갖는 중요성을 결여할 수밖에 없다. …… 학습 세계가 제공하려는 것은 한 조각의 간접 정보인데, 이것 또한 다른 한 조각의 간접적 정보로부터 유출된 개념을 설명하기 위해서 만든 것이다. 학습 세계에서의 간접성이란 새로운 내용을 결여한 것이며 곧 바로 평범성에 이르는 비결에 불과하다. 그것은 사실 *facts*을 정면으로 취급하지 않았기 때문에 공허한 것이다.

-알프레드. N. 화이트헤드 〈교육의 목적〉

앞에서 고찰한 학교의 기능과 학교란 무엇인가 하는 학교의 정체를 구별하는 것은 학술적인 작업처럼 보일 수도 있겠지만, 이 구별의 목적은 매우 실제적인 것이다. 학교가 수행하는 사회적 기능은 사실상 필수불가결한 기능이다. 그러나 학교가 그 기능을 옳지 못하게 수행하고 있으며, 그 때문에 학교를 대체할 만한 대안(代案)을 찾아야 한다는 것이 우리의 일관된 주장이다. 여기서 학교를 <일정한 연령의 집단이, 단계적인 교육과정을 공부하기 위해 교사가 감독하는 교실에 출석할 것이 요구되는 제도>라고 정의하자.

취학연령을 규정함으로써 학교는 유년시절, 즉 학창시절을 제도화한다. 학교교육이 이루어지는 사회에서는 학창시절이 이제는 한눈 팔 시간적 여유도 없는 획일적인 과정으로 간주된다. 이러한 현대적인 의미의 어린아이들이란 3백년 전에는 존재하지 않았으며, 세계 인구의 대부분을 이루는 농촌과 도시의 빈민들 사이에는 오늘날까지도 존재하지 않는다. 필립 아리에스의 저서 <유년시대의 역사>를 보면, 17세기 이전에는 어린아이들이 어른과 같은 복장을 하고, 어른처럼 일하고, 투옥되고, 고문 당하고, 교수형에 처해졌으며, 성(姓)과 질병과 죽음에 그대로 시달려야 했다. 일반적으로 보호받는 위치에 있지 않았다는 것을 알 수 있다. 즉 유년시절의 기층 문화(基層文化) *subculture*

가 존재하지 않았다.* 중세 교회에서는, 어린아이들이 태어나 세례를 받고 대략 7살 정도 되면 이성을 갖춘다고 여겼다. 따라서 어린아이들이 그 이후로는 사람들 앞에서 뿐만 아니라 하느님 앞에서도 자신의 행동에 대하여 충분한 책임을 져야 한다는 것이다. 예를 들자면, 어린아이들이 무기한으로 불리한 계약을 맺는 데 서명을 했다면, 그들이 그 내용을 알고서 원했기 때문이건, 혹은 모르고 속아서 서명했건, 그것은 유효하다는 것이다. 당시에는 이러한 기독교 원리만이 유독 가혹한 것은 아니었다. 그러한 점에 관해서는 아랍과 동양 그리고 아프리카와 아메리카의 어린아이들도 그보다 낫게 보살펴지지 않았던 것이다.

물론 어느 사회에서나 어린 아이들과 성(姓)적으로 아직 미숙한 청소년은 성인들과 구별되며, 그들이 성인이 되면 그들이 완전한 성인임을 알리는 성인식을 거행한다. 그리고 성인이 할 수 있는 것과 미성년이 할 수 있는 것을 구분해 두고 있다. 그러나 그렇다고 해서 어린아이들의 역할을 성인들의 역할과 확연히 구별해 주는 유년시절의 기층 문화가 모든 사회에 존재한다는 것은 아니다. 오늘날 어린이들은 공부하는 것을 제외하고는 다른 일을 하도록 기대되지 않는다. 어린이들은 사회에 대하여 폐를 끼치고 손해를 입히거나 범죄를 저질러도 그들이 책임을 지지 않는다. 즉 정치적으로나 법적으로 의미 있는 행위를 할 수 없다. 어린이들은 다만 뛰놀고 즐겁게 지내며 성인이 될 때에 대비하여 자신을 준비하면 된다고 생각된다. 어린이들은 학교에 가고, 학교는 그들을 인도하고 그들에 대한 책임을 지며, 일시적으로나마 부모의 역할을 대행해야 한다. 학교가 보호의 기능에 높은 우선 순위를 부여하는 것도 유년시절의 이러한 특성에 의해서 설명될 수 있겠다.

---

* Philpple Aries ; *Centuries of Childhood*, (New York : Vintage Books, 1962)

유년시절은 오늘날의 성인들의 생활과도 대조하여 살펴봐야 한다. 유년시절과 일을 하는 성인들의 생활은 분리되어 있다. 현대에 올수록 어린아이들은 점차로 어리광을 부리는 응석받이가 되었지만, 은퇴한 노인네가 아닌 이상 어른들은-남자 뿐만 아니라 여자도-은 점점 더 현대의 기계문명과 제도에 순응하면서 살도록 만들어져 왔다. 즉 어린아이들은 점점 어린이 중심적이고 멋대로 자라나게 되었으며, 그 반면에 어른들은 점점 더 속박되어 왔다. 학교교육의 찬성론자들에 의하면 학교는 유년시절에서 성인 생활로 건너가는 데 필요한 교량의 역할을 하며, 제멋대로 자란 어린아이들을 책임감 있는 성인으로 변화시켜 준다는 것이다. 학교는, 면밀하게 짜여진 단계적 과정을 거쳐서, 어린이를 그의 소꿉장난의 정원으로부터 끄집어내어 사회의 체계 속에 맞추어 넣는다는 것이다. 즉 그들에 의하면, 학교는 '완전한 어린이'를 입학시켜 '완전한 성인'으로 졸업시킨다는 것이다.

유년시절의 이러한 성격은 학교의 경우와 마찬가지로, 아마도 어떠한 다른 목적에 봉사하고 있을 것이다. 과거에 어린이들을 다루는 것은 너무 거칠었으며, 오늘날도 그러한 점이 있다. 오늘날 유년시절이 거의 제도적으로 확고해짐으로써, 어린이에게 가져다 준 여러 가지 보호조치는 매우 중요하고도 필요한 것이다.-그것들은 매우 중요하여 다른 어린이들 뿐만 아니라 어른에게까지도 확대되어야 할 것이다. 상호간의 합의를 한낱 우스개 짓으로 여기는 상황 속에서 일어나는 강간 사건이나 노동 착취가 그러한 예로 들 수 있겠다. 즉 한쪽 편은 일을 하든가 아니면 굶어 죽든가 사이에서 하나를 선택해야 하는 반면에 다른 편은 단지 이 노동자와 다른 노동자 중 하나를 선택하면 되는 것이다. 어린이나 어른의 성장을 방해하거나 필요 없이 그들의 좋은 기회를 제약하는 제한 조건을 강요하거나 방치하는 것은 어느 곳에서건 금지되고 예방되어야 한다. 그러나 멋대로 자라난 어린이나 어른들의 방종이 끊임없이 계속 증대된다면 이러한 일은 불가능하다. 더구나 적당한 보호조치나 어느 정도까지는 마음대로 자유롭게 성장하는 것이 필요한 것이고 또 바람직하다고 생각된다. 다만 너무 지나치면 해로운 것이다. 우리는 유년시절의 제도에 있어서, 보호조치나 자유로운 성장이 지나침으로써 오히려 부담이 되는 경계선을 실제로 경험하였다. 대부분 이들은 너무 명백한 것이어서 논의할 필요조차 없겠다. 앞에서 논의한 것 중에서 이러한 예를 든다면, 학창시절을 연장하여 다 큰 어른일지라도 학교에 다니는 한 그들을 유년기에 속하는 것으로 포함하는 경우가 있겠다. 청소년의 대부분의 항의는 이 사실과 관련되어 있으며, 이것은 어른들이 이러한 항의에 대해 분노하는 것과 결국 마찬가지이다. 청소년들의 항의는 타당한 것이다. 그들은 자신의 아기도 낳을 수 있고 전쟁도 할 수 있다. 그러나 그들에게 요구되는 것은 필요한 경우에 후자, 즉 전쟁에 참여하는 것만을 요구받을 뿐, 사회의 경제 생활에 본격적으로 참여하는 것을 거부당하고 만다. 또한 어른들의 주장도 옳기는 옳다. 그들에 의하면 이 다 큰 어린이들은 어린이로 머물러 있으면서 어른들의 권리를 모두 다 향유하려고 한다는 것이다. 부분적으로는 어른들도 옳다. 그러나 그들이 잊고 있는 것은, 청소년들이 유년시절이라는 제도를 만든 것이 아니라 유년시절이라는 제도에 의해서 청소년*이 생겨난 점이다.

학교가 만들어 내는 사회적 실체 *Social Reality*는 학생만이 아니라 학교 선생도 만들어낸다. 학교가 아직 없던 그리스 시대에는 어린 주인이 시내를 산책할 때 그를 보호하는 노예들이 있었고, 무술 연습을 할 때 도와주는 무술 교사가 있었으며, 정치학·윤리학·철학의 문제를 가지고 그들과 토론할 준비가 되

---

* 역자가 여기서 청소년이라고 옮긴 것은 물론 신체적으로는 완전히 성숙한 성인이지만, 아직 학교에 다니기 때문에 유년시절에 포함되는 사람을 의미한다.

어 있는 선생들도 있었다. 이들 중에서 별다른 변화를 거치지 않고 초기의 학교에까지 존속된 것은 무술 교사 뿐이다. 단지 칼이 아니라 펜을 통한 훈련이라는 훈련 도구가 바뀌었을 따름이며, 펜을 통한 훈련 *drill*이라는 방법 역시 매우 효과적이었다. 이 교육방법을 포기하자 학교교육은 그 이상의 효과적인 방법을 찾을 수 없었다. 다른 두 가지 기능은 학교로 통합되면서 완전히 달라졌다. 보호자로서의 역할의 임무 완성 여부는 위험하게 내버려두지 않았느냐 하는 데 달린 것이다. 신변 보호자로서의 노예는 시간이나 공간 혹은 행위 등에 관하여 이야기할 것이 없었으며 다만 그가 할 일은 그의 주인이 안전한 상태만 유지하면 되는 것이다.

  선생들도 학교가 생기면서 그 전과는 반대의 위치에 서도록 바뀌어졌다. 선생의 진정한 역할은, 질문을 받고서 보다 깊은 질문을 다시 던져 올 수 있도록 대답해 주는 것이었다. 학교에서는 이러한 역할이 반대로 되었다. 즉 선생이 질문해야 하고, 탐구욕을 불러일으키기보다는 정설(定說)을 제시해야 한다.

  한편 어린이들과 선생들만 있다고 해서 학교가 되는 것은 아니다. 교실이라는 특정한 장소에 출석하는 것이 아니라면, 어린이들과 선생들의 관계는 가정(家庭)이나 탁아소 혹은 십자군(十字軍)부대에서도 이루어질 수 있는 것일 게다. 교실에 출석하여야 한다는 것을 통해, 지식이 전달되고 공부가 이루어지는 시간과 공간이 규정되며 학생들의 시간과 공간이 통제받게 된다. 아기 때는 집안에서 모든 시간을 보내며, 유치원에 다닐 나이면 하루에 서너 시간 정도 학교에서 보내고, 나이를 먹어 감에 따라 학교를 졸업하고 사회에 나올 때까지는 점차적으로 많은 시간을 학교에서 보내야 한다. 교실은 경우에 따라서 실험실, 작업장, 체육장 혹은 해외 유학을 위한 외국의 교육기관 등 여러 가지 형태를 취할 수 있다. 그러나 이들은 학생들이 지식을 배우는 데 알맞도록 복잡한 외부세계와 분리되고 위생 시설을 잘 갖추고 있다는 점은 모두 마찬가지이다. 대부분의 경우 지식을 개발한다기 보다는, 다른 곳에서부터 배워 온 것 즉 지식을 전달한다는 것이 타당하겠는데, 이러한 과정은 앞에서 말한 바와 같이 전문화된 환경에서 이루어져야 한다. 교육 환경은 단순히 순수하고 청결한 것 뿐만 아니라 지식의 전달이 용이하게 된 것이 중요하다.

학교와 학생들에게 적합하게 만들어진 학교교육을 통한 지식의 전달은, 인간의 욕구를 충족시키는 것이면 무엇이든지 만들어 내는 현대 기술문명 시대에서는 매우 당연하게 생각될 것이다. 일단 지식이 생산물로서 만들어지면, 단계적인 교육과정 - 여러 종류의 지식을 정돈하여 각각 순서를 정하고 그에 알맞은 학습 시기와 장소까지도 할당하여 배열시킨 교육과정 - 이 만들어진다. 단계적인 교육과정은 학교의 제4요소에 해당한다고 하겠다. 앞에서 언급한 다른 요소들의 경우와 마찬가지로, 역시 여기서도 양(量)적인 수준이 매우 중요하다. 학생들이 공부하는 시기가 너무 길어지고 생활의 모두를 바쳐야 함에 따라 문제가 되고, 선생이 가르치는 것도 학생들이 무조건 선생이 가르치는 것에 의존함에 따라 문제가 되며, 교실에 출석하여 공부하는 것도 교실이 일상생활과 너무 동떨어져서 피상적으로 흐름에 따라 문제가 된다.

이와 마찬가지로 교과과정도 국제적으로 획일화됨에 따라 문제성이 노출된다. 어느 정도 수준까지 교실에 출석해야 하며 교과과정을 보편화하는 것이 한계인가 하는 것은 여기서 우리가 토론할 문제가 아닐 것이다. 그에 대해서는 여러 가지 선택 대상을 확보하여 그 중에서 자유롭게 선택할 수 있는 개인 *individual*에게 이러한 결정을 내리도록 맡기는 것이 가장 타당할 것이다.

최근의 성적에 대한 국제 연구는, 교과과정이 국제적으로 보편화되어 있음을 매우 잘 보여주고 있다.* 수학과 과학에 있어서는 국제적으로 규정이 통일되어 있다. 이러한 분야가 공식적으로 가장 통일되어 있다고 하지만, 다른 분야도 그리 뒤떨어지는 정도는 아니다. 그리고 실업계 학교와 흑인계 학교 및 성인 학교(成人學校)의 확대 추세도 역시 국제적으로 보편적인 양상을 띠고 있다. 이러한 이차적(二次的)인 교육은 중심이 되는 학교교육 과정과 연관되어 이루어져야 실제 사회에서 그 의미를 갖기 때문이다.

단계적인 교과과정이, 학생 신분과 선생의 교육 그리고 교실에 출석하는 제도적인 학교체제의 주춧돌이 된다고 생각되는 것은 당연하다. 교과과정이 이러한 요소들을 결합하여 요소들이 학생, 선생 그리고 사회에 미치는 영향을 결정짓기 때문이다.

물론 수업은 어떠한 순서에 입각해서 이루어져야 하며, 이 순서에는 상호관계를 고려하여야 한다. 한편 수업의 순서와 상호관계가 지닌 의미는 개인마다 어느 정도 다를 수도 있다. 사실상 어느 정도 차이를 나타내고 있으며 모든 교육자들이 말로는 이러한 점을 수긍하고 있다. 그러나 서로 다른 사람들의 교육 프로그램을 결합하려 해서는 안된다고 적극적으로 주장하고 나서는 사람은 드물다. 한 선생이 자기 과목을 자기 나름대로의 순서에 입각해서 가르치려는 것은 당연하고도 바람직하다. 그리고 선생들이 서로 비교해 가면서 그의 수업순서를 조정하는 것도 역시 좋을 것이다. 그러나 선생 본인이 선택하지 않은 순서에 따라 강의할 것을 강요한다거나, 학생에게 특정한 순서―학

---

* 학교에서 학생, 선생, 그리고 교실, 그 다음에 교과과정을 제4 요소로 제시하고 있다.

Torsten Husen ; *International Study of Achievement in mathematics*, 2 vols, (New York : John Wiley & Sons, Inc., 1967)

생이 어떤 선생의 강의를 들으려고 그 선생의 수업순서에 따르는 것이 아니라-에 따라 공부할 것을 강요한다면 그것은 자멸에 가까운 짓이다. 학교가 사전에 작성된 계획에 따라 운영되는 지식공장이라고 생각하는 사람이나 이러한 터무니없는 생각에 동조할 것이다. 학생과 선생이 한 교육과정에서 다른 과정으로 쉽사리 척척 옮겨가며 공부할 수 있다는 생각은, 정확하게 맞추어진 지식공장이 가능하다는 조건하에서나 타당할 것이다.

그러나 이렇게 일률적이고 통합적인 수업을 하려면, 각 과목의 수업순서만 표준화시키는 것으로 그치지 않고 각 과목을 통합해야 한다. 이렇게 통합된 교육과정은 전반적인 학교체제를 만들며, 이 학교체제는 다시 각 학교의 성격을 결정짓게 된다. 그리하여 하급학교의 교육과정은 주로 대학진학을 위한 표준필요조건에 따라서 만들어진다. 학교 교과과정은 그 목표가 대학진학이므로 다른 주변적인 교과목도 역시 이에 준하여 짜여지며, 수업 시간이나 교실의 기능과 선생의 자격, 그리고 나아가서는 학생의 학교 입학 자격까지도 이에 영향을 받게 된다. 이러한 조건에서 상당히 벗어난 학교는 학생들을 대학에 진학시킬 능력을 잃은 것이나 마찬가지다. 심지어는 국민학교의 개혁도 졸업생이 상급학교에 진학하는 데 나쁜 영향을 주지 않는 한도 내에서만 가능하다.

그러므로 학교가 직업을 알선하고 정치적인 그리고 사회적인 역할을 갖게 해주는 독점적인 제도로서 성장한 것은 표준화된 단계적 교육과정에 의해서 가능했다. 학교의 이러한 독점은 절대적인 것이 아니라는 주장도 있다. 아직도 몇몇 기업체서는 학교교육을 받지 않았더라도 똑똑한 사람이면 채용하기도 하며, 루스벨트나 처칠 같은 위대한 인물도 그들이 다닌 학교에 대해서는 별로 감사의 표시를 하지 않는 경우도 있다. 그러나 이러한 것은 예외적인 것이며, 오늘날과 같은 추세가 계속된다면 머지않아 자취를 감출 것이다.* 학생들을 등급짓고 각 등급의 수준을 유지하며 등급에 따른 내부구조 (표준화된 능력과 성과 측정), 제도 내부적인 향상과 취업 보증 등 이러한 모든 것은, 학교의 내부구조와 기능작용 그리고 학교간의 관계 그리고 학교와 다른 사회제도와의 관계를 결정짓는 교과과정에 의하여 정당화된다.

교육집단이면 무엇이든 학교라고 정의하려는 사람은 물론 그렇게 정의할 수도 있다. 앞에서 내가 정의한 학교 형태에 대한 반작용으로서 하기학교, 퍼시픽 고등학교 *Pacific High School*, 자유학교, 야외학교 등 여러 가지 다양한 학교들이 생겨났다. 소규모의 다양화 작업은 뜻있는 사람들이 특별히 돈을 들여 투자할 동안에는 계속되지만 곧 중단되고 만다. 진정한 변화는 그 일을 추진하는 사람들의 마음 속으로부터 시작되어야 한다. 이러한 노력은 부분적으로, 장차 학교를 대체할 대안(代案)을 마련하는 과정에서 좋은 길잡이가 될 것이다. 그러나 현재로서는 학교교육제도가 거의 10억에 이르는 어린이들 교육의 유일한 방법으로 독점적인 위치를 굳히고 있는 것이 사실이다. 학교는 사람과 지식을 조작 가능한 대상물을 다루듯이 취급한다.―마치 현대 기술문명 세계 모든 것을 취급하듯이. 물론 모든 것이 조작될 수 있을 것이다. 그러나 그 조작 과정에서 대상물의 다른 측면을 짓밟고, 바라지 않았던 부산물이 생기는 대가를 치러야 한다. 인간을 조작 대상으로 삼을 때 그 희생은 특히 크다. 그리고 인간은 그에 대해 저항하는 경향이 있다. 인간에 있어서 조작되지 않고 보존되어야 할 부분이 가장 중요한 부분이라 하겠다. 교육과정에서 생겨나는 부산물들은 벌써 명백하게 드러나고 있다. 그러나 무엇보다도 가장 큰 위험은 그 방법이 성공할

---

* Ivar Berg ; Education and Jobs ; *The Great Training Robbery*, (New York Praeger Publications, 1970)

것이라는 고집에 있다. 교육과정에 의해서 성공적으로 조작 처리되어 배출되는 인간은 운명을 지배하는 능력-인간을 다른 나머지 물질로부터 구분시켜 주는 고유한 특성-을 상실하고 말 것이다. *

---

* Richard Hoggart ; *Uses of Literacy : Changing Patterns in English Mass Culture*, (Oxford University Press, 1957)

4. 학교는 어떻게 돌아가는가

• • • • • • •

프랭클린은 다음과 같이 쓰고 있다. 서기 1744년 펜실바니아주에서 버지니아 주정부와 6개 인디언 부족 사이에 체결된 랭카스터 조약에서, 버지니아 대표 위원들은 다음과 같은 제안을 했다. 즉 윌리엄스버그 *Williamsburg*에 인디언 청년들을 교육시키기 위한 기금이 마련된 대학이 있는데, 만일 6개 부족의 추장이 그들의 아들 중에서 6명을 그 대학에 보내겠다면 정부는 그들이 여유 있게 지내면서 백인의 학문을 전부 배울 수 있도록 돌봐 주겠다는 것이었다.

이에 인디언 대변인은 다음과 같이 대답했다.

"우리는 그런 대학에서 가르치는 학문을 당신들이 높이 평가하고 있다는 것을 잘 알고 있으며, 또한 우리 젊은이들이 그곳에서 당신들과 함께 지내는 동안 많은 비용이 든다는 것도 잘 알고 있다. 따라서 당신들이 우리에게 호의를 베풀고자 한다는 것을 확신하며 진심으로 감사를 드린다.

그러나 현명한 당신들은 서로 다른 민족은 사물에 대해서도 각각 다른 개념을 갖고 있다는 사실을 알아야 한다. 따라서 교육에 대한 우리의 생각이 당신들의 생각과 같지 않다고 해서 기분 나쁘게 생각하지는 않을

∙ ∙ ∙ ∙ ∙ ∙ ∙

것이다. 우리는 당신들이 방금 제의한 것을 전에 경험한 적이 있다. 과거에 우리 젊은이 몇 명이 북부 지방의 대학에서 교육을 받았다. 그들은 당신네 학문을 모두 배웠다. 그러나 우리에게 돌아온 그들은, 달릴 줄도 모르고 숲 속에서 생활하는 방법도 다 잊어버리고 추위와 배고픔을 참지 못하는 낙오자가 되었으며, 통나무집을 짓는 방법이나 사슴을 잡는 방법뿐만 아니라 적을 죽이는 방법도 알지 못했다. 더구나 우리의 말마저도 제대로 사용하지도 못하는 것이었다. 따라서 그들은 사냥꾼이나 병사로서 뿐만 아니라 상담고문으로도 써먹을 수 없었다.

비록 우리가 당신들의 제안을 거절하지만 당신들의 친절한 호의에 대해 감사하는 마음은 조금도 변함이 없다. 그에 대한 감사의 표시로서 우리는 버지니아의 신사들이 12명의 아이들을 우리에게 보내 준다면 우리는 그들의 교육을 책임질 것이며 우리가 아는 모든 것을 가르쳐 주고 어른으로 키워 주겠다."

—벤자민 프랭클린, 1784년경 〈북아메리카의 인디언에 관한 기록〉

학교는 학교에서 가르친다고 내세우는 교과과정보다 훨씬 더 중요한 과목을 숨기고 있다. 은폐된 이 교육과목의 목적은, 사회적인 신화들-한 사회를 다른 사회로부터 구별해 주고 그 사회가 붕괴되지 않게 유지하는 데 도움이 되는 신념들-을 전파하는 데 있다. 어느 사회에나 그러한 신화가 있으며 젊은이들에게 그러한 신화를 주입시키는 것은 교육제도의 중요한 기능 중의 하나이다. 사회적 신화가 반드시 거짓된 것만은 아니다. 실제로 각 사회의 번영기에는 현실에 잘 부합된다고 할 수도 있겠다. 그러나 세월이 흐름에 따라 사회적 신화는 점차로 현실에서 벗어나게 되어 한 사회적 시대의 말기에 이르면, 사회 내에서 실제로 진행되는 것과는 점점 거리가 멀어지는 신앙을 합리화시켜 주는 역할을 하게 된다.

우리 사회에서 현저한 역할을 하는 네 개의 신화 또는 이데올로기에 주목하여 이에 상응하는 현실을 검증해 보자. 그리고 나서 신화와 현실 사이의 간격을 메우는 데 기여하고 있는 학문적 의식(儀式)을 규명해 보겠다. 내가 가장 현저한 것으로 선택한 신화 혹은 이데올로기는 <기회평등>, <자유>, <진보>, <능률>에 관한 것들이다.

현대사회의 <기회평등>이란 신화에 의하면, 모든 사람에게는 그의 능력이 허용하는 한 그가 원하면 무엇이나 성취할 수 있는 기회의 평등이 존재한다는 것이다. 이러한 신화는, 학교교육의 모든 수준과 모든 분야가 모든 사람에게 개방되어 있으며 학생들은 오직 그들의 노력과 두뇌에 의해서 제한될 뿐이고 다른 제한요소는 없다고 주장한다. 기대에 어그러지지 않을 만큼 충분한 의욕과 능력을 가진 사람들에게는 모든 직업과 모든 사회적 수준이 개방되어 있다고 주장한다. 점차로 학교가 직업과 사회적 역할을 획득할 수 있는 중요한 통로로서 인식됨에 따라, 교육이 개방되어 있다는 사실은 학문적 성공 뿐만 아니라 사회적 출세까지도 보장해 주는 것으로 받아들여지게 된다. 이것이 바로 모든 사람의 성공여부가 오직 그 자신의 개인적인 자질에 달려 있는 것처럼 보이게 하는 <기회평등>의 신화이다.

그러나 현실에서 볼 때, 모든 성장은 다른 사람들의 희생을 토대로 해서 이루어지는 것이다. 학교구조와 직장의 직위구조 그리고 사회계층구조는 모두 피라미드 형태를 한 위계질서이다. 상급학교로 올라갈수록 취학 가능한 학생 수가 줄어든다. 한편 위계질서의 등급과 수준을 하나라도 뛰어 넘는다는 것은 거의 불가능하다. 따라서 위계질서의 꼭대기까지 올라가기 위해서는 끊임없는 경쟁에서 계속 싸워 이겨서 남아야 한다. 산업에 있어서도 그 양상은 똑같다. 스텐다드 석유회사의 사장 한 사람이 탄생하는 과정에서, 만여 명의 사무원들이 경쟁에서 패배한 낙오자로 뒤에 처지게 되는 것이다.

그러면 도대체 몇 살 때 기회가 균등하게 된다는 것인가? 출생할 때인가? 재벌로 태어난 아이가 설혹 사환으로서 인생을 시작한다고 하더라도, 사환의 아들이 사환으로서 인생을 시작하는 경우와 균등한 기회를 가질 리는 없을 것이다. 그러나 태어날 때 평등하지 못하다면 해가 갈수록 기회의 균등은 어려워질 것이다. 학교에 입학할 때까지는 결정적인 차이는 아직 없다. 그러나 유치원이 끝나고 등급과 지능지수가 평가되면 그때부터 등급과 지능지수가 낮은 학생들에게는 거의 모든 학교 문이 닫혀진다. 이러한 등급과 지능지수가 공정하게 평가된 것도 아니다. 등급과 지능지수가 공정하다고 믿는 사람마저도 이 나이의 어린이들에게는 그것이 큰 의미를 갖지 못한다는 점을 인정한다.* 그러나 판정은 내려져야 한다. 어느 학교에서, 어느 진로를 따라, 어느 선생님에게서 배울 것인가 하는 판정은 앞으로 아이들에게 결정적인 영향을 미치게 된다. 일단 초등학교를 마치면, 좋은 인문계 고등학교에 진학할 수 있는 정도로 공부를 잘 하지 못하는 학생에게 있어서, 더 이상 균등한 기회에 대하여 지껄여 보았자 그것은 넌센스다. 수천 명의 상업학교 학생 중 하나가 건설회사의 우두머리 직위에까지 올라갈 수도 있다. 그러나 그것은 극히 예외적인 일이다. 사실상 한 사람이 사다리를 오른다는 것은 다른 사람이 사다리로 내려온다는 것을 의미하며, 한사람이 꼭대기까지 오르려면 수천 사람의 머리를 밟고 올라가야 가능하다. 기회평등이라는 신화의 이면에는 강요된 불평등의 현실이 존재한다. ─꼭대기에 오를 가능성보다 밑바닥에 쳐질 가능성이 몇 배나 더 큰 것이다.**

"그렇지만 당연한 것이다!"라고 사람들은 대답할 것이다. 그러한 것이 바로 위계질서의 본질이며, 기회평등이라는 것이 실제로 의미하는 바를 누구나 다 알고 있다는 것이다. 만일 그렇

---

* Joseph M. Hunt ; *Intelligence and Experience*, (New York : Ronald, 1965)

** "노동자 계급의 통합 유지를 위해서 사다리체계─단계적인 직위체계를 차례로 올라갈 수 있다는─개념을 도입할 수도 있겠다. 이 개념은 산업이나 교육 등 기타 분야에서도 사용되었다. 그러나 그것은 부르주아적 개념 중에서도 대표적인 것이다. 왜냐하면 이것은 향상하는 기회를 제공하고 있지만 그것은 개인별로 혼자서 향상하는 것을 전제로 하고 있다. 사회를 사다리적 개념으로 분석하는 데 대해서 나는 다음과 같이 두 가지 관점에서 반대한다. 첫째, 그것은 가장 중요한 가치인 공동향상의 원리를 배격하고 있다. 둘째, 신분과 재산의 위계질서와는 다른 것으로서 능력의 위계질서를 도입하면서 위계질서의 해악을 덮어 버리고 있다."

Raymond Williams ; *Culture and Society 1780~1950*, (Harmondsworth Middlesex : Penguin Books. Ltd., 1958), pp. 317~18.

다면 왜 사실 그대로 말하지 않는단 말인가? 차라리 출세운수 social lottery라고 불러야 옳을 것이다. 사실상 그것은 그의 아버지가 돈을 얼마나 가지고 있는가에 따라 확률이 높아지는 뒤틀린 출세운수이다. 그러나 이런 이름을 붙이는 것은, 일부러 <기회평등>이라 부르는 의도와는 부합되지 않을 것이다. 자기가 실제로 균등한 기회를 갖고 있든 안 갖고 있든 간에, 모든 사람이 균등한 기회를 가지고 있다고 생각하도록 해야 한다. 그러한 편이 사기(士氣)에 좋은 것이다. 그런데 우리가 여기서 논하고자 하는 것은 이 문제의 당위성에 관한 것이 아니다. 어떻게 해서 이러한 상황이 벌어졌는가, 그리고 어떻게 해서 이런 식으로 계속 유지되고 있는가 하는 문제이다. 사실상 그렇지도 않은데 어떻게 해서 균등한 기회가 주어진다고 믿게 되었는가 혹은 균등한 기회가 있다고 믿는 것처럼 행동하게 되었는가?

사람들은 사다리-학교의 위계질서, 진급의 위계질서, 소득수준의 위계질서, 사회적 신분의 위계질서-를 한 칸씩 올라가는 의식적(意識的)인 진행에 의해서 그렇게 믿게 되었다. 사람들이 한 계단씩 올라가는 동안 모든 길이 꼭대기까지 통한다는 환상을 갖기 쉽다. 한번에 한 걸음씩 올라가는 것이 꼭대기에 도달하는 방법이라고 생각하게 된다. 그런 생각 속에서 한 계단씩 올라가서는 꼭대기까지 갈 시간이 없다는 사실을 쉽게 간과해 버리고 만다. 당신도 한 걸음 한 걸음 올라가면 언젠가는 정상에 다다를 수 있다는 말이 그럴듯하게 들리는 것이다.

모든 사람들이 약간씩 오를 수 있는 정도의 계단은 충분히 있다. 부유한 나라에서는 초등학교의 진학이 상당히 쉬워, 거의 대부분의 사람들이 초급과정을 이수한다. 더 이상 올라가는 것이 어려워질 때까지는 기회는 상당히 균등하다고 할 수 있지만, 누구에게나 완전히 균등한 것이 아니라는 교훈을 조금씩 배운다. 직업의 사다리도 똑같은 방식으로 작용한다. 학교 성적이 매우 나쁜 사람을 제외하고는 모두 다 몇 계단씩은 올라간다.

그리고 나면 진급 계단의 간격은 점점 더 늘어나고 사람들은 조금씩 늙어 가지만, 그때쯤이면 그런 것을 더 이상 문제로 삼지 않게 된다.

또한 승진이 되지 않더라도 수입은 조금씩 증가되며 연간 증가액은 매년 조금씩 더 많아진다. 그리고 더 이상 안 오르게 될 때쯤이면 누구나 자기에게도 더 좋은 기회가 있었다는 환상이 확고하게 자리잡는 것이다.—결코 그렇지 않지만, 그러나 사람들은 사다리를 오르는 의식적(意識的) 과정을 거치면서 그렇게 믿게 된다.

<자유>의 이데올로기는 누구나 남에게 양도할 수 없는 여러 가지 권리를 갖고 있다는 것이다. 이것은 집회의 권리, 재심을 청구할 수 있는 권리, 부당하게 수색 및 체포당하지 않을 권리, 변호사를 가질 수 있는 권리, 불리한 경우에는 묵비권을 행사할 수 있는 권리, 즉 직접 및 간접적인 고문을 당하지 않을 권리를 말한다. 그러나 사실상 전세계에 걸쳐 가물거리는 자유의 불빛은 꺼져 가고 있다. 공산주의 세계에서는 이탈자와 인민의 적에게는 시민권을 주지 않으며, 자본주의 세계에서는 20여 년 전에는 민주정부를 가졌던 국가의 과반수가 지금은 군사정권의 지배를 받고 있으며, 그 중 대다수의 정권이 일상적인 통치수단으로서 고문을 자행하고 있다. 나머지 '민주적'인 정부를 가지고 있다는 몇몇 국가 중에는 남아프리카 공화국도 포함된다. 이 나라에서는 구미(歐美)의 백인에게만 완전한 시민권이 주어지며, 그것도 인종차별 정책에 대해 아무런 반대도 하지 않을 경우에만 해당한다. 미국의 경우에도 남부지방에서는 흑인들이, 백인들에 의해 하사된 권리만을 누릴 뿐이다. 미국의 다른 지역에서도 역시 국민의 권리는 치안유지와 국방의 필요성에 의해 제약되어 간다. 흑표범단 *Black Panthers*과 비판적인 민주당원들, 그리고 대학생들은 권리 *rights* 대신에 겉치레 뿐인 의식 *rites*에 휩싸일 우려가 커져 가고 있다.

이러한 사실에도 불구하고 어떻게 해서 자유에 대한 믿음이 유지되고 있는가? 이것은 소위 '민주적 절차'라고 하는 의식에 의해서 가능해진다. 무엇보다도 최근의 미국대통령 선거가 국민들로 하여금 시카고대회에서 민주당의 일파가 상대편에게 경찰력을 사용한 사실을 잊게 만들었다. 마찬가지로 불란서의 경우도, 지난 국민선거를 치름으로써 불과 몇 개월 전에 발생했던 학생과 노동자에 대한 군대와 경찰의 탄압사건이 잊혀질 수 있었다. 물론 이러한 극적인 예도 중요하지만, 국민들로 하여금 지배와 억압이 증대되고 있는데 반해 자기들이 자유를 누리고 있다고 확신하게 만든다는 효과적인 면에서 보면, 일상적인 '민주적 절차'만큼 중요한 것은 아닐 게다.

교수들이 기존체제를 비난함으로써 학문의 자유를 내보인다거나, 학생들이 머리 스타일을 과시하고 맨발로 거리를 활보하거나 연좌농성을 벌이고 낙서를 하고 학교에서 숙식을 하거나 노름을 하는 자유분방한 행위들—이러한 것은 그 자체로서의 의미도 있겠지만, 국민들로 하여금 현실 상황과는 유리되어 그들이 아직도 자유롭다는 생각을 확인시켜 주는 역할을 한다.

우리는 또한 분노에 찬 논설과 용감한 기자의 폭로기사와 조금이라고 나아진 새 잡지와 의회의 조사보고서를 볼 수 있다. 게중에는 사회에 올바르게 기여하기도 하지만, 또 일부분은 단지 자유의 환상을 유지시켜 줄 뿐이다. 극소수의 예외를 제외하고는 사회가 어떻게 돌아가고 있는지 아는 사람과 비록 비판적인 사람이라도 하여튼 특권층의 사람만이 '민주적 절차'가 부여해 주는 자유를 누릴 수 있다.

진실로 불우한 사람들은 '민주적 절차'에 접근할 기회조차도 거의 없다. 제퍼슨은 바로 이러한 까닭에서 기존 규범 내에서 온건한 개혁은 사실상 불가능하다고 실망하였다. 또한 기존 규범이 의식적으로 진행됨에 따라 제퍼슨이 언급한 바 있는 규칙적인 혁명의 토대조차도 붕괴되고 만다. 학교와 민주적 절차가 국민들로 하여금 <자유>라는 신화와 억압과 지배라는 현실 사이의 간격 *gap*을 그냥 받아들이도록 한다. 여기서 내가 민주적 절차를 포기하거나 과소평가하려는 것은 결코 아니다. 다만 우리가 얼마만한 자유를 누리고 있으며 그 자유가 얼마나 보장되고 있는가에 대해 우리 자신을 기만하고 싶지는 않다. 사태를 정확하게 보기만 한다면 우리는 우리 자신과 다른 사람들의 자유의 한계를 보호하고 확장시킬 수 있을 것이다.

 <진보>의 신화는 우리의 상황이 향상되고 있으며 앞으로도 별 제약 없이 무한히 향상되리라는 것이다. 그러나 실제에 있어서는 대기가 더 이상 열을 흡수할 수 없는 한계에 이르렀고, 바다가 더 이상 오염되어서는 안될 한계에, 지구상의 인구는 거의 폭발한 한계에 이르렀다. 또 가난한 사람들이 부자의 선심에 의존해 살아가는 것도 한계에 이르렀고, 부자들도 자신에게 설치한 나사를 더 이상 조일 수도 없으며 그렇다고 그냥 쾌락에만 빠져 있을 수도 없는 한계에 도달했다. 이러한 사실을 직시하려 하지 않는 사람들은 새로운 발견과 발명에 의해 문제가 해결될 것이라고 말한다. 그러나 과거의 발견과 발명은 기껏해야 우리를 현재의 궁지에 빠뜨렸을 뿐이다. 이렇게 생각해 본다면 미래의 발견과 발명도 오늘날의 궁지를 더욱 심화시키는 결과를 가져올 수밖에 없다. 왜냐하면 진보의 이데올로기는 그 한계를 무한히 설정하고 있지만, 사실상 한계가 멀고 가깝고 간에 존재한다는 사실에는 의심의 여지가 없기 때문이다. 진보는 무한한 반면에 지구도, 인구도, 인간성도 모두 한계가 있는 것이다. 여러 종류의 진보가 적당한 균형을 이루고 있다면 이러한 문제로 고심할 필요가 없겠지만 사실은 그렇지가 못하다. 서로 죽일 수 있는 능력이 생산력 발전보다 훨씬 빨리 발전하고 있으며, 부자와 빈자 사이의 격차가 더욱 확대되고 있다. 그리고 정신적인 긴장은 그것을 해소할 수 있는 능력보다 훨씬 더 빠르게 증대되고 있다.

이렇게 <진보>의 신화는 그의 가정과의 모순되는 일련의 어려운 문제에 봉착하게 된다. 그렇다면 이러한 모순들이 어떻게 해결될 수 있는가? 이러한 모순은 주로 연구-새로운 지식, 새로운 통찰, 새로운 기술 등을 위한 계속적인 탐구-라고 불리는 의식(儀式)으로 인해 뒤로 숨겨져 왔다. 연구는 비의식적(非儀式的)인 것이지만 중요한 의식적 기능을 수행하기도 한다. 왜냐하면 끊임없는 연구결과로 새로운 발견이 이루어지며, 그로 인해 모든 상황이 변화되며, 새로운 법칙과 가능성에 의하여 나날이 새로워진다는 믿음을 유도하기 때문이다. 이것은 명백히 틀린 생각이다. 우선 아무리 중요하고 새로운 발명과 발견이라 할지라도 다른 분야에는 거의 영향을 미칠 수 없다. 증식형 원자로의 발명은 핵분열 물질의 공급가능성을 크게 확대시켰으며, 핵융합의 발명으로 사용가능한 에너지원의 한계를 훨씬 더 확대시켰다. 그러나 이렇게 광범위하게 영향을 미치는 진보라 할지라도, 대기의 열 흡수용량에는 아무런 영향도 미치지 못한다. 그러한 발명으로 인류가 전멸할 수도 있다는 점을 제외하고는 인류의 생사(生死) 문제에 미치는 효과는 없다. 그것이 인간의 사고능력과 자제(自體)능력에 미치는 영향은 미미한 정도에 그친다. 그러나 연구에 의해 새로운 세상이 가능하다는 신화, 그리고 새로운 중대발견에 의해 모든 문제가 새롭게 해결될 수 있다는 믿음-이러한 신화와 믿음은 보다 더 진보하는 데 있어서 실제로 존재하는 극히 어려운 문제점들을 간과(看過)하도록 만들어 버린다.

연구활동은 학교와 불가분의 관계를 맺어 왔기 때문에 일반 대중보다는 학생들에게 더 큰 영향을 미친다. 연구내용은 주로 교과과정에 영향을 미침으로써 학생들에게 영향을 미친다. 과거와는 달리 현대 학교교육의 두드러진 특징은 교육내용이 항상 새로와진다는 것이다. 어제의 지식은 시대에 뒤떨어진 것이 된다. 노르웨이에서는 5년 이상 경과한 학위를 무효라고 선언하자는 제안이 심각하게 고려되고 있다. 이 제안에서 학위란 거의 의미 없는 것이라는 사실을 뒤늦게나마 깨달았다는 점은 높게 평가해야 할 것이다. 그러나 이 제안은 5년이나 묵은 지식은 이제 타당하지 않다는 데서 생겨난 것이다. 그렇다면 모든 학자들은 지난 번에 교육받은 지식을 다시 정비하기 위해 주기적으로 학교에 돌아와야 할 것이다. 물론 진정한 교육은 직업과 관련되어 끊임없이 계속되는 과정이며, 새로운 내용을 거대한 과거 속에 융화시켜야 한다. 그리고 그러한 것은 새로운 것을 실제로 발견하고 적용해 가는 과정 속에서만 가능하다. 현대적인 지식만이 타당하다는 식의 사고는 세대가 교체될 때 생겨난다. 젊은 이들의 이러한 잘못된 생각은, 학교에서 그렇듯 의식화된-끊임없이 새롭게 개편되는-교육과정이 가져온 결과이다.＊

　<능률>의 신화란, 현대인이 생산의 문제를 능률적인 조직을 통해 해결해 왔으며 다른 사람들도 그렇게 할 수 있다는 것, 그리고 다른 문제들도 비슷한 방법으로 해결될 수 있다는 것이다. 그러나 경제학자인 케네드 보울딩 *Kenneth Boulding*이 최근에 지적했듯이, 국가의 총생산을 측정하기 위해 널리 쓰이는 국민총생산고(GNP)는 실제로는 경제적 비능률성의 척도이기도 하다. 그리고 부유한 국가에서의 고용은 파킨슨의 법칙 *Parkinson's Law*-생산이 감소함에 따라 고용은 증대한다.-에 접근하고 있다. 부유한 국가에서는 많은 사람들이 서비스산업 부문에 고용되어 가치가 의심스러운 일에 종사한다. 예를 들어 정부와 법인체의 관료들, 세일즈맨, 광고업자, 은행가, 회계사, 법률가, 교사,

---

＊ 새로운 지식은 과거의 시각에서 평가할 때 비로소 의미를 갖는다. 학교도 과거에는 이 원리를 옹호하였으며, 그로 인해 오늘날까지도 '학문적 *scholastic*이라는 단어가 바람직하지 못한 의미를 나타내기도 한다. 현대에 와서는 이러한 상황이 완전히 뒤바뀌어졌다. 오늘날 학교에서는 말로만 과거와 미래를 연결 지을 뿐이다. 이러한 점에서 학교는 학생들을 나무랄 자격도 없다. 학교에서 모든 세속적인 쾌락으로 통하는 길을 만들어 놓았으므로 학생들이 문을 박차고 뛰어나가는 것은 조금도 이상할 것이 없다.

경찰, 군인, 여론조사원, 사회사업가 등을 생각해 보라. 이러한 사람들은 모두 어떤 사람이 보기에는 틀림없이 가치 있는 일을 하고 있지만, 다른 사람들은 그들이 하는 일을 경멸하고 있음에도 의심의 여지가 없다. 법률가가 이러한 좋은 예가 되겠다. 재판에는 웃는 승자와 우는 패자가 모두 생기기 마련이다. 위에 열거한 여러 가지 직업과 같이 명확하게 드러나지는 않지만 다른 서비스업종도 거의 마찬가지다. 구체적인 상품 중에도 가치가 의심스러운 것이 많이 있다. 예를 들면 군사무기, 춘화(春花), 광고판, 초고속 자동차, 비석, 학교, 육류상품, 담배, 술, 마리화나, 불소 음료수-이 모든 것은 각각 반대되는 가치도 갖는다. 중요한 것은 노동이 나쁘다거나, 혹은 심지어 노동 그 자체의 가치가 의심스럽다거나 하는 것이 아니라, 오히려 노동의 가치는 그 산물에 달려 있다는 것이다.

어떻게 능률의 신화와 사실 사이에 존재하는 모순이 대중에게 각성되지 않고 있는가? 그것 역시 의식화(儀式化)된 활동을 통해서이다.

학교는 어린이들을 사고하지 못하게 하려면 그들을 매우 바쁘게 몰아대면 된다는 것을 오래 전부터 알고 있었다. 수업이다, 클럽이다, 체육이다, 문화활동이다, 숙제다 하여 다른 생각을 할 여유가 없게 만들어 버린다. 이것 역시 학교에서 능률적으로 최대한 교육시키고 있음을 과시하는 의식(儀式)적 역할을 수행하기도 한다. 즉 보다 많은 학교, 과정, 등급, 활동 등에 참가하는 것이 그러한 예라 하겠다. 학교를 졸업하면 사회에서 이루어지는 의식 활동-보다 많은 모임, 계획, 캠페인, 생산물, 공장, 고용, 국민총생산 등에 관련된 일련의 활동-에 참여하게 된다. 그렇다고 모든 활동이 다 의식적인 것은 아니다. 그러나 미국과 같이 그 국가의 5% 노동력만으로 모든 농업 및 산업 생산물을 생산할 수 있는 국가에서는 파킨슨의 고용법칙으로 나머지 95%를 설명할 수밖에 없다. 실제 생산노동에 참가하지 않는 어른들이나 학교에 다니는 학생들의 시간도 역시 의식활동으로 설명되어야 할 것이다.

 우리는 지금까지 학교에서 숨겨 가지고 있는 교과과정이 위험한 기능을 하고 있다는 것을 고찰하였다. 그 이유를 요약한다면 그것은 병든 사회-인간은 본래 소비하기를 원하며, 끊임없이 소비하기 위해서는 끊임없는 생산의 수레바퀴에 자신을 묶어 두어야 한다는 가정 아래서, 경쟁적인 소비에 함몰해 버린 사회-에서 공허한 신념을 강화해 주고 있기 때문이다. 학교교육에 관한 이론체계는 학습에 효율적인 효과를 거둘 수 있다는 가정에 그 기초를 두고 있다. 근본적인 변화가 없는 한, 생산하고 소비하는 방법이나 배우게 될 것이다. 변화하는 환경에 적응하는 방법을 배우기 위해서 생산방법을 도입한다는 것은 우스운 짓이다. 우리는 학문적 의식(儀式)에 참가함으로써, 이러한 두 가지 종류의 학습을 구별해야 한다는 것을 깨닫지 못하고 지내왔다.

5. 학교의 기원

• • • • • • •

　유럽의 훌륭한 도서관을 뒤져보아도 인도와 아랴비아의 토착문학에 관하여 가치있는 장서(藏書)는 책꽂이 한 줄도 채 못된다. …… 산스크리트 *Sanskrit* 어로 된 모든 책으로부터 역사적인 자료를 모두 수집해 보았자, 영국의 예비교*에서 사용하는 아주 간단한 역사 참고서가 담고 있는 내용보다 나을 것이 없다고 말해도 결코 과장된 주장은 아니라고 확신한다. …… 법률문제나 종교문제에 관해서도 산스크리트어와 아랴비아어가 꼭 사용되어야 하는 것도 아니며, 이 나라의 원주민들도 영국의 훌륭한 학자로 얼마든지 만들 수 있으므로 이러한 방면에 우리의 노력을 쏟아야 한다. …… 우리의 당면과제는 우리와 우리가 지배하는 민족 사이에 중개자가 될 수 있는 계층, 즉 혈통과 피부는 인도인이지만 취미, 의견, 도덕, 지성은 영국적인 사람들로 구성된 계층을 형성해야 하는 것이다.

－로오드 맥콜레이 〈인도교육에 관한 의회 의사록〉

＊ 대학 진학을 준비하기 위하여 세워진 사설학교 : 역주

오늘날의 학교는, 전문화된 제도가 역사를 통하여 계승되어 온 과정의 한 단계에 해당한다. 선사시대의 의식(儀式)과 신화와 주술(呪術)신앙(사원과 성직자들의 신분제도), 수메르·그리스·알렉산드리아와 로마의 학교제도(초기의 대학과 보통학교와 고전문법학교 grammar School), 이 모든 것이 오늘날의 학교제도의 역사 속에서 그 나름대로의 역할을 수행하여 왔다. 역사의 변천 과정에서, 사회적으로 수행되는 인간의 학습 learning 분야에서, 내용과 방법과 인원과 위치가 점차로 전문화되어 온 경향은 매우 시사적이다. 초기에는, 오늘날 우리가 교육 education이라고 부르는 것보다 훨씬 더 많은 것이 포함되어 있었다. 그러나 누구나 알다시피 오늘날의 학교교육 schooling은 그보다 훨씬 축소된 것이다.

1820년 이래 고고학과 인류학의 연구결과, 인류의 역사는 수만 년 전으로 거슬러 올라갔다.* 기록을 더듬어 올라가면 고대인류도 현대의 학교에서 진행되고 있는 것과 매우 유사한 활동을 해 왔다는 것을 알 수 있다. 인간은 언제나 관례와 의식-

---

* Joseph Campbell ; *The Masks of God*, 3 vols., (New York : Viking Press, 1969)

육체적 욕구와 충족이라는 기본적인 것과는 무관하게 보이는 상징적인 관습-을 잊지 않고 거행해 왔다. 또한 신화적 내용과 의식을 거행하기 위하여 마련된 특정한 인물과 장소가 존재했었다는 증거도 역사적 기록을 통하여 확인할 수 있다. 상고(上古)시대의 기록이나 그림 등은 대체로 그러한 의식거행 장소에 남아 있다. 선사시대의 동굴벽화로 유명한 스페인과 프랑스 남부지방의 동굴은 의식행사에 주로 사용되었던 것으로 나타난다. 그림에 나타나는 인간의 유일한 모습은, 선생의 역할과 사제(師弟) · 마술사 · 광대 · 화가 · 시인 및 사상가의 역할을 복합시킨 주술사의 모습이다. 하여튼 선사시대의 원시인과 비슷한 수준을 갖고 있는 현존 미개 종족에 비추어 보면, 위에 나열된 역할들이 주술사의 역할과 복합되어 있음을 알 수 있다.

고고학과 현대 인류학의 연구결과를 토대로 추론해 보면, 선사시대의 의식은 부분적으로 현대 교육과정과 공통되는 요소를 가지고 있는 것으로 생각된다. 이러한 의식은 출생→청소년기→죽음, 그 각각에 관계된 신화를 묘사함으로써 특정연령에 도달하였음을 알리는 의미를 갖기도 한다. 일상적인 일과 이상한 현상을 설명하고 축복함으로써 안심시키기도 한다. 사냥이나 추수를 하고 난 뒤의 한가한 시기에 할 일을 마련해 주는 역할을 하기도 한다. 그리고 젊은이들이 시험삼아 어른들의 일을 해보는 것을 허용하기도 한다.

선사시대와 역사시대의 구분은 문자의 발명에 의해 구분되는데, 이는 시기적으로 도시와 본격적인 종교가 확립된 시기와 대략 일치한다. 교육도 이에 따라 신앙과 통치가 실시되면서 그로부터 출현하였다. 교육은 초기에는 사원(寺院)에서 사제(司祭)라는 특수한 신분의 사람에 의해서 실시되었다. 아마도 문자도 그러한 전문가들에 의해 개발되었을 것이다. 말하자면 주술사와 사제는 선생과 학교의 발전 뿐만 아니라 인류의 전반적인 발전 과정에서 중심적인 역할을 하였을 것이다. 두뇌·손·혀 : 유목민·마을·도시 : 마술·종교·예술·과학, 이러한 것들은 모두 인류의 육체적·사회적·정신적 발전의 중요한 계기가 되었다. 도시와 함께 출현한 종교의 성직자는 이웃사촌격인 주술사로부터 마술·종교·예술·과학 등의 혼합물을 이어 받았으며, 그들은 곧 그 혼합물을 분해하여 전문화시켰다. 문자쓰기 뿐만 아니라 셈하기·수학·천문학·화학·음악·미술·시학(詩學) 등은 이집트와 수메르의 사제들과 다른 지배신분 계층에서 일찍이 발전하여 사제와 통치자의 기능을 결합시켜 주기도 하였다.*
이 과목들은 오늘날까지도 중요 교육과목으로 채택되고 있는데 이에 대한 교육방법이 초기에는 도제(徒弟)제도 *master - apprentice type*적 형태로 정립되었다. 하지만 그 이전에는 여러 사람이 모여서 자기가 발견한 것 혹은 발전시킨 내용을 다른 사람들과 서로 주고받는 방식의 교육이 이루어졌음이 분명하다. 하여튼 우리는 체계적인 지식의 근원으로서 근대적인 학교의 두 가지 중요한 기원 중 하나를 찾을 수 있겠다.

훨씬 보잘것없는 것이긴 하지만 다른 하나의 기원은 약 30명의 어린이를 수용하게끔 지어진 수메르인의 교실에서 최초로 나타나는데, 그 교실을 발견하고는 근대적 양식의 교실의 크기가 수메르인의 벽돌과 건축물의 한도에 기초하여 지어진 것이 아닌가 하는 생각을 하게 되었다.**

---

* H. I. Marrou ; *A History of Edecation in Antiquity*, (George Lamb 번역), (New York ; Mentor books, 1964)

** Edward Chiera ; *They Wrote on Clay*, (Chicago : University of Chiago Press, 1938)

플라톤과 아리스토파네스가 교실과 학교에 관하여 기술한 것이 아직까지는 가장 오래된 것이다.* 고대 아테네의 이러한 최초의 학교는 사실상 보잘것 없는 것으로서, 군사교육·체육·음악·시학에 중점을 두고, 읽기·쓰기·산수는 부차적인 것으로 약간 덧붙여서 가르쳤던 교육과정에 지나지 않았다. 원래 아테네의 모든 교육은 가정교사 식이었는데 이는 가끔 에로틱하기도 한 사적인 *personal* 관계의 성격을 띠고 있었다. 그러나 아테네인들이 점차로 민주화되어 가고 학생 수가 상대적으로 선생 수보다 많아짐에 따라 가정교사 식의 교육에서 점차로 그룹지도 식으로 바뀌어 졌다.

그리스의 기록을 보면 문학과 기술의 그룹지도에 바로 뒤이어 의학과 철학 학교가 역시 언급되고 있으며 그 바로 뒤에는 소피스트 철학자들이 운영하던 학교에 관하여 언급되어 있다.** 이러한 최초의 중간적인 형태의 학교모델은, 청소년기의 자식들을 3~4년간 교육시키려는 부모와 소피스트 선생 사이의 계약에 기초를 두고 성립되었다. 소피스트들은 역사상 최초로 보수를 받는 본격적인 선생이었으며, 그들의 목적도 상당히 실질적인 것으로서 학생들이 일상적인 일에 있어서 성공적인 사람이 되도록 교육하는 것이었다.

---

* Richard L. Nettleship ; *The Theory of Education in the Republic of Plato*, (New York : Teachers College Press, Columbia University, 1968) Marrou ; op. cit., 6章 "고전의 대가들", (The Masters of the Classical Tradition)

아래 책에서 아리스토파네스의 "구름"을 보라.

The Plays of Aristophanes ; Benjamin Bickly Rogers 번역. William Barton 편, (Chicago : Encyclopedia britannica Press, Great Books of the Western World No.5, 1952)

Marron ; op. cit., 4章, "고대 아테네의 교육"

** Marrou ; op. cit.

학교는 그리스 황금기에 이렇게 미약하게 출발하였지만, 알렉산더의 동방세계의 정복으로 확대된 식민지에서는 현대의 학교와 유사한-조직이나 교육과정 및 학생들의 연령층 등의 면에서 볼 때-학교제도가 번성하였다. 학생들은 처음에는 읽기·쓰기·셈하기를 배우고 다음에 체육·음악·고전문학·기하학·과학 등을 배웠다. 알렉산드리아를 비롯한 몇 도시의 박물관에서는 의학·수사학·철학을 전문적으로 가르쳤다. 비록 몇몇 작은 도시는 공공제도로서 이러한 교육기관을 운영하거나 또 일부는 부자들에 의해 마련된 기금으로 유지되기도 했지만, 대부분 이러한 중심적 기관들은 주로 그리스의 명문거족(名門巨族)의 후원을 받아 사적(私的)으로 재정이 처리되었다. 이러한 학교의 주된 목적은 야만적인 식민지에 그리스의 전통을 활발하게 일으키기 위한 것이었다. 따라서 후기에 와서는 그리스인으로서 이러한 학교기관의 혜택을 제대로 받은 사람들은 소수에 불과했다.

로마시대에는 헬레니즘 시대의 학교제도를 큰 변화 없이 도입하여 당시의 엘리트 교육에 이용하였다. 따라서 아테네의 멸망으로부터 동로마제국의 멸망에 이르기까지는 세계인구의 극소수만이 오늘날과 비슷한 정도의 학교교육을 받았다. 그리스-로마 사회나 동로마 사회에서는 학교가 결코 중요한 기관은 아니었다. 오늘날 우리가 당시의 학교를 높게 평가하는 것은 그대 그리스에 대한 기록과 문화를 르네상스시대까지 보존하는 역할을 수행했다는 데 있다.

동로마 제국을 제외하면 로마제국의 멸망은 천년 동안 분리된 채로 지속되어 온 교육과 종교의 재결합을 가져왔다. 중세의 교육기관은 성당의 학교와 수도원 뿐이었다. 중세의 교육기관은 고대의 사원보다도 전문화된 목적을 띠고 있었으며, 보다 제한적인 범위 내에서 교육적 역할을 수행했지만 그럼에도 불구하고 역사적으로 볼 때 서구교육에 여러 가지의 중요한 개념을 도입하였다. 초기의 베네딕트 Benedictine 수도원에서 시간과 공간은 생활과 학문의 이차적인 매개변수에 불과했다.* 즉 베네딕트 수도원에서는 매 시간마다 어느 장소에서 어떠한 일을 해야 한다는 것이 규정되어 있었다. 이러한 규율에 충실하게 따르는 것이 훌륭한 삶을 영위하는 것이었으며, 그렇게 성실하게 지켜진 생활의 성과가 어떠한 외부적인 결과나 다른 효과로서 나타나기를 기대하지도 않았다.

그 뒤의 도미니크 Dominican와 프란체스코 Franciscan 교단은 또 다른 교리에 입각하여 성립되었다. 시간과 공간에 충실하게 규정된 생활을 엄수하는 것보다도, 다른 사람들의 자비(慈悲)에 의존해서 살며 가난한 사람들과 자신을 일체화(一體化)하는 것을 중요시했다.** 베네딕트 교단에서는 병자와 가난한 사람을 돌보는 행위와 구걸행위를, 앞으로의 생활을 위한 교육으로서가 아니라 생활방법으로서 교육시켰던 것이다.

교육의 준비적인 성격은 제주이트 Jesuits 교단에 의해 되살아났는데, 제주이트 교단은 16세기에 그리스·로마시대의 수준 이상으로 학교교육을 확대시키고 합리적으로 만들었다.*** 과거에 학교는 합리적인 예측보다는 전통을 전달하는 교육과정의 일부분에 불과했다. 제주이트 교단은 인간을 일상적인 생활만이 아니라 이제껏 경험한 적이 없는 영역이나 시련에 대처할 수

---

* David Knowles ; *The Monastic Order in England*, (Cambridge : The University Press, 1941)

** M. H. Vicaire ; *Histoire de Saint Dominique*, 2 vols., (Paris : Cerf, 1957), W.A. Hinnebusch ; *History of the Dominican Order*

Kajetan Esser ; *Anfange und Ursprungliche Zielsetzungen des Ordens der Miderbruder*, (New York : Alba, 1966)

*** H. Outram Evennett ; *The Spirit of the Counter-Reformation*, (New York : Cambridge University Press, 1969)

있도록 신중히 계획된 교육과정과 교육방법을 발전시켰다. 초기에 이들의 노력이 눈부신 성공을 거둠으로써 그 이후로 학교교육의 성장에 부분적이나마 매우 큰 영향을 미쳤음은 의심의 여지가 없다. 원래는 종교 교단의 엘리트 성직자를 양성하기 위하여 계획된 제주이트 교단의 학교교육은 곧 중세 유럽의 평신도 엘리트에게까지 확대되었다. 이렇게 교육이 급속히 확대되는 과정을 보면, 알렉산더 대왕의 정복에 뒤이은 헬레니즘 시대의 학교교육의 급성장 과정이 생각난다. 알렉산더의 영토 확장 이후에 식민지에 학교를 짓고 학교에 다니게 했던 것은 식민지에 대한 지배보다는 불안 때문이었으며, 제주이트 교단의 학교제도가 형성되고 급속도로 확대된 것은 이그나티우스 *Ignatius* 시대의 로마교회의 불안 때문이라고 똑같이 설명될 수 있다. 학교는 위의 두 경우에 있어서 모두, 지배력을 잃은 일련의 가치를 보존시켜 나갈 수 있는 방법으로 간주되었던 것이다.

　기독교 교단의 이러한 활동 다음에 이어서 학교교육 역사상 하나의 중대한 사건이 발생하였으니 그것은 최초의 중세 대학이 설립된 것이다.＊ 원래 중세 대학은 기독교의 신학 연구에 전력을 기울였었지만 재빨리 다른 분야의 지식으로 영역을 넓혔으며, 종교개혁 훨씬 이전에 이미 상당히 독립적인 기관으로 성장하였다. 모슬렘 세계의 대학과 더불어, 볼로냐・살레르노・파리대학은 상당한 규모를 갖추고서 주로 지식의 보급과 발전에만 전념한 최초의 기관이었다. 물론 위의 대학들이 근대적인 대학의 발단이 되었으며 오늘날의 명문대학교의 직접적인 전신(前身)이기도 하다.

　루터와 그의 추종자들은 ― 역사적으로 구텐베르크의 활자발명과 적당히 일치한다. ― 북부 유럽에서의 초등학교 발전에 커다란

＊ Paul Goodman ; *The Community of Scholars*, (New York : Random House Press, 1962)

자극을 주었다. 성경이 대규모적으로 인쇄되었으며, 누구나 성경을 통하여 직접 구원받을 수 있다고 선포함으로써 읽기 교육을 시키며 읽기를 배우는 것은 개신교도(改新敎徒)에게 있어서 종교적인 명령과 같은 것이었다. 종교개혁에 바로 뒤이은 산업혁명은 학교의 급속한 증가에 필수적인 마지막 조건을 해결해 주었으며 읽고 쓰는 능력을 널리 보급하는 데 필요한 수단 뿐만 아니라 세속적인 근거도 마련해 주었다.*

단순히 학교 수의 증가로 학교제도가 성립했던 것은 아니다. 제도적인 차원의 학교교육은 민족국가의 발전과 함께 도래했다. 그리하여 공립학교가 미합중국에서 최초로 설립되었으며, 통합적인 학교교육제도는 프랑스와 프러시아에서 최초로 발전하였다. 비록 약간 늦기는 하지만 프러시아에서 개발한 학교교육제도는 매우 명쾌한 것이었으며 국제적으로 중요한 모델이 되었다. 프러시아와 그 후의 독일에서 학교제도의 발전은 민족국가의 발전과 같은 차원에서 이루어졌으며 국가의 주요한 기본작업으로서 신중하게 계획되었다.**

독일 학교제도의 일면은 학교교육을 통하여 독일 상층민의 언어를 국가전체의 공용어로서 교육시키는 것이다. 다른 한 면

---

* 15세기에는 활자의 발명 뿐만 아니라 상업도 발전하여 다른 종류의 교육도 필요하게 되었다. "읽기와 쓰기"만을 배우는 학교가 영국과 북부 독일에서 생겼다. 초기에는 성직자들이 이 학교를 반대하였지만, 라틴어는 가르치지 않는다는 조건으로 타협이 이루어졌으며, 그로써 성직자들은 엘리트 교육을 독점할 수 있었다. 과거 교육체제와 수도원 교육이 붕괴됨에 따라 교회 내에서 교육이 설 땅이 없게 되었을 때에도 루터는 이런 세속학교에 다니는 것을 개탄했다. 16세기, 영국에는 읽기와 쓰기를 가르치는 학교가 확립되었는데, 그 곳은 "문자 쓰는 법과 산수를 가르치는 새로운 계층을 위한" 학교였다.

(Raymond Williams ; *The Long Revolution*, supra, p. 151)

** Johann G. Fichte ; *Addresses to the German Nation*, (New York : Harper & Row, 1968)

에서 보면, 국가의 군사적·정치적·인적 자원의 수요를 충족시키기 위하여 일괄적으로 등급화된 일반 교과과정을 교육시키는 것이기도 하다. 또한 학문간에 단계적으로 조직된 교육체계는 또 다른 일면을 보여주고 있다. 그 중에서 가장 중요한 것은 세밀하게 구성된 교육철학인데, 이는 학교조직-병참학, 교육과정, 교사충원제도, 교육방식, 학술행사-이 모든 것에 영향을 미치고 있으며 독일 민족국가라는 건축물의 설계도에 가장 적합한 시민을 만들어 내는 데 목표를 두고 있다. 이는 다른 어떤 국가 제도보다도 체계적이고 치밀하게 계획되어 있다. 대부분의 국가는 다소간의 차이는 있더라도 독일 교육제도의 중요한 장점들을 채택하려고 시도하였으나, 사실상 독일 교육제도의 목표와 수단만을 모방하는 데 그쳤다. 영국이 아마도 가장 모방하지 않은 국가라 하겠지만, 심지어는 영국의 전(前)식민지 국가들마저도 영국보다는 독일을 따랐다.

프랑스에서 국가적인 차원의 학교교육제도의 개념은 부분적으로는 제주이트 교단에 반대하여 일어났는데, 이는 16세기까지도 엘리트 교육을 주로 담당하던 교단 중의 하나이다.* 1763년에 이 교단을 억압하고 프랑스 혁명의 입법자들이 많은 노력을 기울였음에도 불구하고 공립학교는 거의 진전되지 못했다. 왕정복고 후에 제주이트 교단과 크리스천 부라더즈 *Christian Brothers* 교단은 프랑스 교육에서 근본적으로 중요한 역할을 하였다. 1834년의 교육개혁법은 교회와 국가 사이의 협력관계를 확립시켰지만, 그에 따른 협력관계는 1830년의 프랑스의 패배로 닥친

---

* Louis Rene de Caradeux de la Chalotais ; *Essay on National Education*, (London : Edward Arnold, 1934)을 참조하라.

F. de la Fontainerie ; *French Liberalism and Education in the Eighteenth Century. The Writings of La Chalotais, Turgot, Diderot and Condorcet on National Education*, (New York : McGraw Hill, 1931)

위기를 맞고서는 와해되어 버렸다.* 많은 사람들이, 프러시아의 막대한 군사력은 국가적인 차원의 학교교육제도의 효율성에 기인한다고 간주했으며, 따라서 프랑스에서도 그러한 교육제도를 운용하기 위하여 전력을 기울였다.

미국의 공립학교제도 역시 복잡하고 오랜 역사를 갖고 있다. 뉴잉글랜드·펜실바니아·버지니아주에서 일찍이 공립학교가 설립되었지만, 이러한 학교들은 오랫동안 지역적인 제한을 받았으며 뉴잉글랜드를 제외하고는 소수 집단의 특권에 의하여 운영되었다.** 뉴잉글랜드의 공립학교는 초기에는 학교운영자들이 인간, 신, 세계 등에 대하여 평범한 관념을 갖고 있었기 때문에, 강제적인 제한 없이 거의 보편적인 성격을 띠었다. 그러나 19세기 초 이래로 비(非)청교도의 이민이 유입해 오기 시작함에 따라 뉴잉글랜드에서 마저도 공립학교교육은 보편적인 교육과는 거리가 멀어졌다. 사실상 호레이스 만 Horace Mann이 공립학교에 대하여 근대적인 미국의 개념을 공식화한 것은 바로 이러한 짧은 전통을 근거로 한 것이다.*** 호레이스 만의 공립학교 개념은 출석을 요구하고 있다. 왜냐하면 혈통이나 가치관 혹은 종교가 다른 사람들을 교육시켜서 청교도적 개척을 당연한 것으로 받아들이도록 만들어야 하기 때문이다. 보편적인 공립학

---

*Mond Ozout ; *L'Ecole, l'Eglise et la Republique, 1871~1914*, (Paris : Armand Colin, 1963)

** Merle E. Curti ; *Social Ideas of American Educators*, (Paterson, N. J. : Littlefield, Adams & Co., 1959)

Joel H. spring ; *"Education as a Form of Social Control"*, (1970년 2월 CIDOC에서 개최한 토론회의 제 1부였음). (Cuernavaca, Mexico : CIDOC Doc 70/221, 1970)

*** 다음 책에서 호레이스만의 "국가와 학교"를 보라.
Horace Mann on the Education of Free Men : Lawrence A, Cremin, (New York : Teachers College Press, Columbia University, 1957)

교에 대한 이 두 가지 접근방법은 찬란한 약속을 걸고 출발하여 참담한 종말로 귀결짓는 모순을 보여주고 있다. 토마스 제퍼슨 Thomas Jefferson *과 브라운슨 Orestes Brownson **과 존 듀이 John Dewey ***는, 보편적인 교육이란 그를 통하여 인간이 신념을 갖게 되며 제도를 창조하는 능력을 갖출 수 있는 수단이라고 간주하였다. 반면에 성 이그나티우스 로욜라와 피히테 그리고 호레이스 만은 보편적인 교육과정을 통하여 이미 타당한 것으로 여겨지는 사회적인 목표와 제도의 필요조건에 알맞도록 인간을 다듬어 가는 수단으로 간주하였던 것이다.

이러한 이데올로기적인 경향들이 결합하여, 특권을 누리고 있는 자나 박탈당한 자나 모두가 공립학교를 환영하게 되었다. 박탈당한 자에게는 균등한 기회제공을 약속해 주었으며, 특권을 누리고 있는 자에게는 엘리트의 통제 하에 큰 변화 없이 질서있는 발전을 약속해 주었다. 사실상 어느 정도까지는 두 가지 약속이 모두 실현되었지만, 그 자체에 내재하는 모순은 힘의 균형이 시민으로부터 국가로 옮겨짐에 따라 점차로 명백하게 드러났다. 과거 시민사회에서는 록크와 제퍼슨의 이론이 효과를 나타냈다. 그러나 인간이 다시 권좌에 앉도록 하려는 존 듀이의 최근의 노력은 단지 말장난에 지나지 못하고 있는 실정이다.

명목상으로는 독립적인 수만의 학구(學區)와 수천의 대학교

---

* 다음 책에서 토마스 제퍼슨의 "무지(無知) 박멸운동"을 보라.
 Thomas Jefferson on Education, Gordon C. Lee 편, (New York : Teachers College Press, Columbia University, 1961)

** 다음 책에서 미첼 카즈의 "미국교육제도에서의 자발적 기부제도에서부터 관료제도까지"를 보라.
 Formative Undercurrents of Compulsory Knowledge, Cuernavaca, CIDOC, 1970, p. 2/14

*** Reginald D. Archanbault 편, *John Dewey on Education ; Selected Writings*, (New York : Random House, 1964)

를 국가적인 차원의 학교제도로 통합한 조직적이고 단계적인 법적 제 절차는, 학교를 국가적인 목적에 봉사하는 것으로 간주하는 교육철학이 가져온 당연한 결과라 하겠다. 국가의 수효가 세배 이상 증가된 오늘날에 그러한 교육철학이 대환영받고 있는 것은 결코 놀라운 일이 아니다. 민족국가의 이러한 증가는 분명히 학교제도가 국제적으로 성장하는 과정에서 중요한 요인으로서 작용한다.

하지만 원인의 소재를 따지기 이전에 학교교육제도의 실제적인 발전은 인류 역사상 놀라운 사실 중의 하나임에 틀림없다. 물론 학교제도는 유럽과 북아메리카로부터 나머지 세계 전체로 확산된 일련의 기술문명 제도 중의 하나에 불과하다고 볼 수도 있다. 그러나 학교제도만큼 보편적으로 확산된 것도 없으며, 또 그 이유가 학교제도의 경우처럼 깊게 숨겨져 있는 것도 없다. 보편적인 학교교육은 거의 모든 국가의 공식적인 계획에서 필수적인 분야가 되었다. 모든 국가에는 대학이, 도시에는 고등학교가, 부락에는 국민학교가 있어야 되었다. 이제 모든 국가는 선진국의 교육과정과 학술기관, 그리고 학문의 기준 등의 제반 모델을 따르고 있다. 자본주의 국가이건 공산주의 국가이건 모든 국가는 경쟁의 기준에 대해서는 별 이견(異見)없이 — 올림픽의 경기와 같이 — 경쟁적으로 그들의 국민을 교육시키는 데 열중하고 있다.

이러한 모든 현상은 어떻게 설명될 수 있는가? 다른 국제적인 제도가 성장한 것은 대부분 기술문명과 이윤추구 그리고 세계적인 패권 경쟁 등을 가지고 설명되고 있다. 그러나 학교의 경우는 그 중의 어떠한 것을 가지고도 직접적으로 설명하지 못하고 있는 실정이다. 헌법과 법률조항의 유사성은 경우에 따라 과거 제국주의 국가의 존재로서 혹은 이데올로기적 경쟁으로서 설명될 수 있다. 병원과 의료기술이 보급된 것은 현대의학의 효력이 인정되었기 때문이라고 간주된다. 그러나 현대의 학교교육에는 그러한 것이 없다. 학교는 중세의 베네딕트 수도원의 경우와 마찬가지로 그의 효율성을 확인받아야 할 의무가 없다.

18세기와 19세기에 걸친 유럽의 세계 지배는 전(前)식민지 종속국에서 교육제도가 성립된 것을 설명하는 데 도움이 된다. 일본의 학교제도 역시 부분적으로 식민지적 현상으로 볼 수 있겠다. 다만 피식민지화를 막기 위하여 서구의 일반적인 유형을 채택하여 발전하였을 뿐이다. 구미의 산업화 물결이 가장 뒤늦게 도착한 곳에 학교제도 역시 가장 뒤늦었음은 명백한 사실이다. 제국주의 국가가 붕괴되고 나서 새로운 민족국가의 대두과정에서 학교는 매우 중요한 역할을 하였다. 신생 민족국가의 엘리트들이 국제적인 정치-경제-문화에 접근할 수 있는 통로를 제공하기도 했다. 그러나 이러한 사실로 대중교육이 국제적으로 보급된 것을 설명할 수는 없다. 진정한 설명을 하려면 헬레니즘 시대의 로마제국과 중세의 제주이트 수도원 교육이 폭발적으로 증가했던 역사적인 사실로 거슬러 올라가야 한다. 앞에서 기술한 바와 같이 이러한 현상은 둘 다 전통적인 가치체제가 위태롭게 되었을 때 발생했다. 오늘날의 상황도 역시 마찬가지다. 오늘날에는 헬레니즘 시대와 중세 유럽의 상황보다 더 근본적이고 보편적인 가치가 연루되어 있다는 점이 다르다면 다르다고 할 수 있겠다. 그것은 바로 특권의 위계질서 위에 건설되어 있는 현대사회의 여러 가지 전제조건들이 위협받고 있는 것이다. 이러한 전제조건들을 짓밟아 버리는 현대 기술문명은 그 자신이 저지른 해악에 대한 해독제를 만들었으니 그것이 바로 학교이다. 학교는 현대 기술문명이 제공하는 과실(果實)을 누구나 향유할 수 있다고 약속하고 있다. 그러나 실제로는 그것을 불가능하게 하는 것이 바로 학교제도인 것이다.

현대의 기술문명에 의하여 인류는 먹고살기 위해서는 땀을 흘리며 일을 해야 하는 굴레로부터 비로소 해방되었다. 산업사회 이전에는 인류의 전 노동력의 80%에 가까운 양이 농업에 투입되어야 했다. 그러나 오늘날에는 현대적인 기술을 사용하면 전 노동력의 5%만 가지고도 현재 소비되고 있는 모든 농산품과 공산품을 생산할 수 있을 것이다.

실제로 오늘날 미국에서는 노동력의 10%로 농산품과 공산품의 90%를 생산하고 있다. 더구나 이러한 현상은 현대의 자동화된 생산수단을 최대한 사용한 것이 아니며, 노동자들이 직업을 보호하기 위하여 압력을 넣는 상황에서 이루어진 것이다. 그럼에도 불구하고 미국은 농민에게 제한생산의 보상금으로 수십억 달러를 지불하면서도 농산물 잉여의 신기록을 유지하고 있다. 한편 수십억 달러에 달하는 공산품이 수출을 위하여 추가적으로 생산되는데, 이는 수입상품의 가치를 훨씬 능가한다. 막대한 군수품이 생산되고 있으며, 광대한 우주탐사 계획이 진행중에 있다. 만일 노동자와 경영자들이 합의한다면 수년 내에 미국 노동력의 5%만 가지고도 현재 미국 내에서 소비되고 있는 상품의 전량을 생산할 수 있을 것이다. 비록 이러한 상품이 잘못 분배되어 많은 사람들이 혜택을 받지 못하고 있지만, 그럼에도 불구하고 평균적으로 판단해 보면 심한 낭비가 이루어지고 있는 실정이다. 이로 인해 다음과 같은 많은 문제들이 생겨난다. 즉 건강에 해로울 정도로 많은 음식물의 섭취문제, 입어서 낡기보다는 유행이 바뀌어서 안 입는 의복문제, 몇 년 동안 견뎌 낼 수 있도록 만들어진 내구재(耐久財)의 처분문제, 단지 공해문제만을 가중시키는 엄청난 양의 포장용 자재문제, 그리고 인생의 진정한 의미를 상실한 채 단지 생산과 소비에만 몰두하는 사람들의 무료함을 달래 주는 엄청나게 많은 잡동사니들의 문제 － 이 모든 문제가 생겨난다. 우리는 그 반절만 가지면 훨씬 더 잘 살 수 있을 것이다. 그러한 사회에서는 과거의 여러 가지 위계질서를 정당화시켜 주던 어떠한 이유로도 특권의 위계질서가 요구되지 않을 것이다.

현대사회의 제(諸)제도는 기존의 위계질서를 유지하고 정당화하는 무거운 짐을 떠맡아 가지고 있다. 이러한 제도 중에서도 학교가 중심적인 역할을 한다. 학교는 모든 세대에서 현대 기술 문명의 생산과 소비에 관한 신화-소비될 수 있는 것은 먼저 생산되어야 하고 생산되는 것은 소비되어야 한다는 관념-를 소개한다. 일반적인 물질적 상품만이 아니라 서비스나 지식 그 자체까지도 일용상품으로 변해 버린다. 학교는, 사회구성원 전체를 위한 것인 양 가장하는 사회의 현실과 신화를 조화시키는 의식(儀式)을 찬양한다. 학교는 인간을 전문화된 제도의 전문화된 역할에 적합하도록 교육시키는 제도로서 기술과 가치의 관점에서 그들을 선택하고 형성해 간다. 학교는 그 자체의 위계질서적인 구조를 통하여 권력과 특권이 하나로 통합된 사회의 위계질서에 순응하도록 학생들을 길들이다.

학교는 학생들에게 다른 사회기관이 들어갈 수 있는 자격을 부여하는데, 학교의 여러 가지 지시에 따르지 않으면 다른 기관에서도 바람직한 지위를 차지할 자격이 없다고 판정해 버린다.

6. 특권유지의 제도적 기반

● ● ● ● ● ● ●

    산업사회가 출발한지 100년도 채 못 되어서 신기하게도 인간의 기본적인 욕구를 충족시켜 주었으며, 인간의 욕구란 바로 인류 자신이 생산하는 상품에 대한 원망(怨望)에 의하여 형성되는 것이라는 사실을 깨닫게 해 주었다. 이러한 현상은 구미제국(歐美諸國) 뿐만 아니라 러시아나 일본의 경우에도 그대로 해당된다. 이들 사회에서 소비자는 점차로 퇴화되어 무능력하게 만들어진다. 인간이 무능력화됨으로써, 기본적인 생활용품—비록 질이나 포장이 조금씩 계속 변하더라도 기본적으로 동일한 생활필수품—을 제공해 주는 생산자에게 충성을 바칠 수밖에 없게 된다.

∙ ∙ ∙ ∙ ∙ ∙ ∙

    산업화된 사회에서는 대부분의 구성원에게 필요한 소비물자를 제공해 줄 수 있다. 그러나 그렇다고 해서 사회가 건전하다거나 경제적이라고 말할 수는 없는 것이며, 또 생활을 향상시킨다고 말할 수도 없는 것이다. 오히려 그 반대이다. 사람들이 상품화된 재화와 서비스를 소비하면서 이렇게 훈련될수록 점점 더 자신의 환경을 자신이 형성하기는 어렵게 될 것이다. 그의 노력과 돈은 끊임없이 변화하는 유행에 따라 새로운 상품을 구입하는 데 다 소비되고 말며, 개인의 생활 환경이란 자신의 소비 양식에 수반되는 부산물로서 주어지게 되는 것이다.

-이반 일리치 〈제도 혁명에의 호소〉

학교는 세계에 희망을 주지만 시간이 흐름에 따라 세계를 부정하는 데 이용되며, 이러한 학교가 그러한 제도로서 유일한 것은 아니다. 교회-여기서는 여러 가지 종교제도를 포함한 전체적인 종교-만 해도 오늘날까지 그렇게 해 왔다. 누구에게나 무상으로 주어질 신의 선물이 종교의 손아귀에 넘어가자 신의 선물에 대한 가격이 매겨졌으며, 가격을 지불할 능력이 없거나 지불하려고 하지 않는 사람들에게는 그것을 주지 않았다. 교회는 근래까지도 다른 여러 가지 제도 중에서 가장 위선적인 것으로 두드러진다. 기존의 다른 제도들은 누구에게나 그렇게 선물을 주는 척했던 적이 없었다. 고대 사회의 주술가들 조차도 그렇게 하지는 않았다. 오늘날의 대종교(大倧敎)들의 유일한 특징을 지적한다면, 그것은 창시 교주들이 모든 사람에게 정신적인 문을 개방하였으며, 그를 따르는 사제들이 한 손으로는 문이 닫히지 않도록 문을 잡고 다른 손으로는 입장료를 받아 내고 있다는 것이다.

 교회를 제외한 종래의 제도들은 항상 공공연하게 그 제도를 운영하는 자에게 이익이 되도록 운영되었다. 재판소-고대 왕국, 군대, 제국(帝國), 기업체-이들 모두가 그 소유주에게 예속된 것으로 단지 몇몇 사람이 그 혜택을 나누어 먹었으며, 그에 해당하는 대가를 받고서야 다른 사람에게도 그 혜택을 나누어 주었다. 근래에 오면서 두 개의 비종교적인 제도가, 누구나 와도 좋다고 개방성을 공언하고 나섰다. 그 하나는 민족국가와 국가 내부체계들-학교제도와 비슷한-이며, 다른 하나는 현대의 산업기업체이다.

　문제가 되는 것은 무료로 어떤 것을 준다는 것이 아니다. 어떠한 종교가도 무료로 어떤 것을 제공하겠다고 약속한 적은 없었다. 단지 종교에서 제시하는 것을 따르는 자에게만 문이 열릴 것이라고 약속했다. 그런데 이러한 약속은 교회가 문을 계속 개방해 놓을 수 없게 됨에 따라 취소해 버렸던 것이다. 그러나 현대의 많은 기업과 관료기구들은 이러한 약속을 사실인 양 떠들어대고 있다.

　인간의 욕구가 제도적으로 충족되게 됨에 따라 그 제도들은 그의 생산물을 한정하며 그것을 향유하는 것도 통제하게 된다. 기존제도는 점차로 (1)필요를 충족시켜 주는 재화나 서비스를 규정하고 (예를 들면 학교는 교육 *education*을 학교활동 *schooling*으로 규정한다.), (2)이를 필요로 하는 자들이 이러한 규정을 일반적으로 받아들이도록 유도하며 (예를 들면 사람들은 교육을 학교활동과 동일시하도록 유인된다.), (3)필요로 하는 사람 중에 일부분은 그 생산물을 향유할 수 없도록 배제해 버리며 (예를 들면 어느 수준에 이르면 학교는 단지 일부의 사람들만이 다닐 수 있게 된다.), (4)필요를 충족시켜 줄 수 있는 자원을 매점매석한다 (학교는 교육에 유용한 자원을 매점매석한다.). 이렇게 일반화시킨 것은 교육에만 적용되는 것이 아니라, 건강, 여행 등 다른 여러 가지 인간의 욕구에 대해 모두 적용된다.

　점차로 건강은 의사나 병원의 서비스에 어느 정도로 접근할 수 있는가 하는 문제와, 또 제약회사의 약품은 어느 정도나 구입할 수 있는가 하는 문제와 연관해서 생각되고 그에 의해 판단되고 있는 실정이다. 이러한 혜택에 접근할 수 있는 정도는 개인에 따라 어마어마한 차이를 나타내고 있다. 그리고 병원이나 의사, 의약품의 비용은 이 비용을 마련해 줄 다른 자원보다 훨씬 빨리 증가하고 있다. 또한 출생률 및 사망률과 관계되는 성인의 건강 상태는 병원이나 의사, 의약품에 지출되는 비용이 증대함에 따라 악화되고 있다고 주장되기도 한다. 인류는 이 비용을 지출함으로써 단지 병적인 생활을 더 오래 지속시키고 있을 뿐이다. 더 많은 치료법이 개발됨에 따라 사람들은 더욱 더 제멋대로 방종할 수 있는 가능성이 커지는 것이다. 그러나 예방적인 노력에 자원을 보다 더 할당한다면 사망률 뿐만 아니라 환자 발생률도 감소하게 될 것이다.

여행에 있어서는 이러한 현상이 더욱 명백하게 드러난다. 많은 나라에 있어서 자가용이 등장함에 따라 그와 비슷한 역할을 하던 것은 자가용에 밀려 자취를 감춰 버렸다. 미국에서는 차를 가진 사람에게 있어서 조차도 한계효용이 체감할 지경에 이르렀다. 그러나 성인 중의 절반은 아직도 자가용을 제대로 이용해 보지 못했으며, 수송수단을 이용하는 것이 차가 없던 시절보다 도리어 더 어렵게 되었다. 차가 사람보다 더 많기로 유명하고, 또 도리어 그로 인해 질식해 버릴 지경인 로스앤젤레스만 보더라도, 운전을 할 수 없는 노인이나 아이들의 숫자가 면허소지자의 숫자와 거의 같다.* 이들은 가족 중에 면허소지자가 있다고 하더라도 그들의 운전사가 시간이 날 때를 기다려야 하며, 또 반대로 운전사도 차를 이용할 사람을 기다려야 한다.

인간욕구의 범주에 속하는 것을 충족시키는 과정이 제도적으로 확립되어서, 재화와 용역, 그리고 생산과 분배, 그리고 가격(어떤 재화와 서비스를 생산하는 데 드는 총비용)을 표준규격화 할 정도에 이른다. 한 가지 지적해 둬야 할 것은 엄청난 비용을 감당할 수 없어서 도태된 사람들은 제도적인 과정에 참가할 자격이 없다고(예를 들면 대학교육을 받을 능력이 없다거나 최신

---

* Mark Arnold Foster ; "Poison in the Air", *Manchester Guardian Weekly.* 1970년 8월 15일 게재.

유행의 멋진 옷을 입을 능력이 없다고) 느끼게 될 뿐만 아니라, 그 제도적인 과정에서 얻어지는 혜택도 받을 자격이 없다고 생각하게 된다는 점이다.

보편적인 정치·경제적 참여를 주장하게 된 것은 민주주의가 대중화되고 기술문명이 제도화된 이후의 일이다. 오늘날 그러한 주장은 당연하게 받아들여지고 널리 믿어지고 있다. 이러한 주장을 하는 사람들은 특정한 욕구를 충족시키기 위한 특정 생산물을 앞세우고 대두되었다. 그들은 더욱 더 복잡하고 더욱 접근이 어려우며 더욱 값비싼 상품들을 정교하게 다듬어 낸다. 그러나 그들이 하는 작업의 근저에는 상품의 정교화라기 보다는 생산물과 인간욕구를 동일시하는 이데올로기가 깔려 있다. 교육과 학교, 건강과 병원, 자동차와 수송, 이러한 어휘들은 불가분의 관계를 맺게 되었다. 사람들은 학교가 있기 이전에도 교육이 이루어졌으며, 병원이 있기 이전에도 건강했으며, 차나 비행기가 있기 전에도 걷거나 말을 타고 다녔다는 사실을 망각해 버렸다.

제도가 확고해짐에 따라 점점 더 많은 사람들이 인간의 욕구와 생산물을 동일시하는 것을 받아들이고 있다. 중세 유럽에서는 유태인과 무어인만을 제외하고는 모두가 카톨릭교가 바로 구원을 의미한다고 동일시했다. 근대에 이르기까지 별다른 시설 없이 아기를 낳던 부인네들이 이제는 산부인과를 찾게 되었다. 그리고 학교를 보지도 못한 시골 농민들도 학교설립을 공약하는 선거후보자에게 표를 던진다.

그렇다고 이들 부인들과 농민들이 제정신이 아니라고 할 수는 없다. 그들의 눈에 비치는 세태(世態)가 병원과 학교에 다니는 사람들이 유복한 사람들이며, 또한 부유한 사람일수록 병원과 학교에 자주 다니기 때문에 그들에겐 종종 원인과 결과가 혼동되는 것이다. 그러나 이러한 사실이 결코 놀라운 것이 못된다. 매우 날카롭다고 하는 연구가들조차도 이러한 혼란에서 벗어나지 못하는 경우가 가끔 있기 때문이다. 사실상 의학적인 처방이나 교육적인 노력의 효과가 뚜렷하게 나타날 수 있는 경우는 극히 드물다.

생산물이 정교화됨으로써 아주 단순한 생산물의 경우에서조차도 보편적인 접근을 저지하는 결과를 가져왔다. 가령 핀과 바늘을 보더라도 여러 가지를 섞어서 한 묶음으로 만드는 따위의 장난질을 끊임없이 부리고 있다. 소금은 전매품목이 되어 사람들이 소금을 먹는 것이 아니라 세금을 먹게 된다. 간디가 인도에서 맨 먼저 벌인 투쟁 중의 하나는 영국정부의 소금전매에 대항한 것이었다.* 이탈리아에서 소금산지인 시실리섬을 제외하고는 아직도 소금 전매정책을 취하고 있다. 학교와 병원 그리고 자동차에 부과되고 있는 세금은 널리 알려져 있다. 직접적으로는 차를 구입하는 데 엄청나게 비싼 비용을 지출해야 하며, 또한 점점 복잡해지는 규칙—운전면허, 입학시험, 보험가입 등—에 의하면 제약받고 있다. 이러한 규칙에는 나름대로 타당한 이유가 있지만, 결과적으로는 자격을 갖춘 사람들의 비율을 축소시키는 것이다.

물론 그렇지 않은 현상들도 많이 있다. 소비자 신용과 소득증대, 공립학교나 공공병원 등이 증가함에 따라 현대적 제도의 혜택이 완만하게 증대될 것이다. 그러나 제도적인 과정에서 배제되는 인구가 비록 수적으로는 감소된다고 할지라도 제도적 생산물의 독점화가 이루어짐에 따라 도태된 사람들의 생활은 더욱 악화되게 된다는 것은 의심할 여지가 없다. 제도적 생산물에 버금가는 대체적(代替的) 재화를 위한 자원이 할당되지 않기 때문이다. 예를 들면 학교예산이 증대됨에 따라 학교교육에 대체되는 교육을 실시하는 데 필요한 예산이 줄어들게 된다. 학교에서 탈락된 학생들은 다른 교육적 자원을 발견하기가 더욱 힘들

---

* Mohandas K. Gandhi ; *Autobiography*, (New York : Beacon Press, 1957). *The Essential Gandhi* ; Louis Fisher 편, (New York : Vintage Paperbacks, Random House Press, 1962)

게 될 뿐만 아니라 그에 따라서 직장을 구할 기회도 더 적어지게 된다. 결국 그들이 구제되는 것이 더욱 더 어려워진다. 자동차의 경우 그것이 수적으로 증가함에 따라 기차와 버스는 상대적으로 감소하게 되며, 그에 따라서 계속 남아 있는 버스요금이 더욱 비싸질 수밖에 없다. 그러나 손님의 입장에서 전보다 편해졌다거나 혹은 버스회사의 입장에서 수지가 더 좋아진 것도 아니다.*

지난 10년 동안 자동차 소유자는 전세계적으로 단지 2,500만명이 증가했다. 아마도 대략 비슷한 숫자의 사람들이 난생 처음으로 현대 의료기술의 혜택을 누렸을 것이다. 학교에 다니는 아동 수는 그 동안 1억 정도 증가했다. 그러나 그 동안의 인구증가는 5억을 넘는 숫자였다. 결국 이러한 서비스의 혜택을 누린 자들보다 누리지 못한 자들의 숫자가 더 증가한 셈이다. 즉 이 기간중 한층 더 많은 숫자의 사람들이 시장으로부터 배제된 것이다. 그 기간중에 자동차의 가격은 엄청나게 상승했고 의료비와 학비는 수배로 증가했다. 반면에 전 세계를 통해서 볼 때 일인당 소득은 거의 오르지 않았다. 따라서 비록 인구성장이 없었고 다른 사정들이 동일했다 하더라도, 1960년대를 통해 현대적인 재화나 서비스의 시장에 접근하는 사람들의 숫자보다도 그렇지 못한 사람들의 숫자가 더 많았을 것이다.

이러한 평가는 60년대가 주요 제도들의 기능이 예상대로 발휘되지 못한 어려운 시기였다고 하더라도 달라질 수 없다. 세계가 특권에 혈안이 되어 있는 한, 사회제도들이 달리 기능할 수는 없는 것이다. 기존의 특권층들은 계속해서 더 좋은 학교나

---

* Janet Reiner, Everett Reimer, and Thomas Reiner ; "*Client Analysis and the Planning of Public Programs*", Journal of the American Institue of Planner 誌에 1963년 11월 발표. *Urban Planning and Social Policy*, Bernard J. Frieden and Robert Morris 공편, (New York : Basic Books, 1968)

병원에 가려 하고 더 좋은 차를 가지려고 한다. 이러한 상품을 찾는 사람들이 많아짐에 따라 더 비싸게 값이 매겨진 상품이 더욱 많이 공급되고, 그 결과 점점 늘어나는 인구에 대해 동일한 상품을 확대한다는 것은 점점 더 어렵게 된다. 비록 인구성장이 없다고 할지라도 위의 요인들과 생태학적 한계로 인해서 유럽이나 미국이 현재 누리고 있는 생활수준을 일반화시킨다는 것은 언제까지나 불가능한 상태로 남게 된다.

이렇게 도태된 자들만이 유일하게 고통을 받는 것은 아니며, 아마 가장 고통을 받는 것도 아닐 것이다. 사회의 제도적 과정에 참여하긴 하지만, 그 속에서 한정적인 제약을 받는 사람들이 더욱 심한 고통을 느끼는 것이다. 다음과 같은 경우를 상상해 보자. 이웃에 있는 부유한 사람들은 저명한 성직자의 기도를 받고서 천국에 올라가는데, 어떤 경건한 신앙인의 주위 친척들은 지옥에서 고통으로 신음해야 할 때, 그 경건한 신앙인이 느껴야 할 고통은 어떤 것이겠는가? 또 콩팥이나 심장을 돈 많은 사람들에게 돈을 받고 떼어 주었기 때문에 죽어 간 사람의 주위 친척들이 받아야 할 고통은 어떠한 것이겠는가? 부유한 자들은 고통을 느끼지 않아야겠지만, 그러나 사실은, 누구보다도 고통을 심하게 느낄 수 있다. 그들은 승부의 상대도 없는 싸움을 끝없이 치러야 하기 때문이다. 늙고 죽는 것에 대한 부자들의 두려움이 그러한 괴상한 예가 될 것이다. 그렇게 처절하지는 않지만 더욱 나쁜 것이 있으니 그것은 지위 경쟁이다. 이것이 많은 사람들과 많은 재화에 널리 번져 가게 되면 공기나 물, 대지가 오염되고, 인생의 의미조차도 빼앗아 가게 된다. 쳇바퀴 속의 다람쥐도 서로 아귀다툼하는 인간처럼 절망적으로 된다거나 광적으로 되는 일은 없을 것이다.

베블렌 T. Veblen이 과시소비(誇示消費)에 대한 글을 쓴 것은 지금으로부터 70년 전이었는데, 그것은 유한계급(有閑階級)

에 국한된 이론이었다.* 경쟁적 소비가 이 계급에만 국한해 이루어진다면 당사자들만 도덕적으로 비난받아야 함은 물론이고 사회전체로서는 그것을 감당할 수도 있었을 것이다. 그러나 경쟁적 소비가 대중에게까지 확대된다면 그것은 인간 자신과, 사회와 인간의 환경을 파괴하고 만다. 당시에는 일부 소수의 유한계급이 대중의 희생 위에서 경쟁적으로 소비할 수 있었다. 그러나 대중전체의 끝없는 경쟁적 소비는 단지 소비자 자신의 희생 위에서만 가능하다. 다람쥐는 쳇바퀴를 돌리며 살 수 있지만, 인간은 그러한 악순환적 경쟁 속에서는 살 수 없다. 사회는 국제적 전쟁과 전세계적인 광고 그리고 경쟁적인 학교교육으로 나날이 첨예화되어 가는 계급갈등을 이겨낼 수 없는 것이다. 세계는 현재의 추세로 장래를 내다보기는 고사하고 그것이 지금 당장 겪고 있는 낭비를 감당할 수 없는 실정이다.

제도화된 생산물의 경쟁적 소비의 전제가 되는 매우 중요한 한 가지 속성은 국가간의 경쟁이다. 초기에는 현대제도의 생산물—물건이나 서비스 그리고 인간 할 것 없이—이 유럽에서 아메리카 신대륙과 유럽 식민지로 수출되었다. 그 결과로 유럽인은 거의 모두가 좋은 기회를 제공받을 수 있었다. 학교에 다니지 못했다거나 돈이 없는 사람들은 새로운 세계로 이주하여 식민지 경비병으로 취업할 수도 있었다. 따라서 그들이 시장에서 배제되는 것은 단지 일시적인 현상에 불과했다. 식민지 내지는 신대륙 개척자의 후손들은 새로운 소비수준이나 소비양식을 도입하였다. 그러나 현대의 개발도상국들은—약간의 예외는 있지만—약소민족을 몰아내거나 정복할 수가 없다. 개발도상국에서는 자국민을 이민, 정복 혹은 수출무역 따위에 동원시키기는커녕 오히려 국내 시장에서 수입상품—인력까지도 포함해서—과

---

* Thorstein Veblen ; *The Theory of the Leisure Class*, (New York : Mentor Books, 1954)

경쟁을 치러야 할 지경이다. 선진국들과 비교하면 개발도상국의 경우에는 훨씬 더 높은 비율의 사람들이 학교나 병원 그리고 현대의 수송수단으로부터 배제되고 있다. 이러한 사람들은 점차로 외국 및 국내의 현대적 제도의 혜택으로부터, 그리고 국내의 엘리트로부터 조차 유리되게 된다. 이렇게 소외된 대중은 인구 압박 요인이 되고, 경제적으로 부담이 되며, 궁극적으로는 정치적으로 적대세력이 된다.*

---

* 이러한 현상의 예외적인 경우를 소개한다면, 외국의 자본과 인력을 대규모적으로 끌어들여 고도의 성장을 꾀한 예를 들 수 있겠다. 이스라엘, 푸에르토 리코 그리고 대만 등이 그러한 범주에 속하는 좋은 예라 하겠다. 이 나라에서는 각각 전쟁, 이민, 전략적인 상황으로 인해 전국민을 성장과정에 투입시키게 되었다. 그리하여 사회적 분열을 피할 수 있었고 참여하지 못하고 소외되는 집단이 문제로 발생되지 않았던 것이다.

일본과 공산국들은 또 다른 범주에 속한다고 하겠다. 공산국가에서는 시장의 가격 조절기능을 배제시키고서, 전국민을 국가에서 시행하는 제도에 강제로라도 따르게 할 수 있었다. 그렇게 함으로써 제3세계가 일반적으로 겪는 딜레마를 피할 수 있었다. 그러나 그 과정은 제도적인 체제에 강제로 잡아넣어야 하며, 그에 수반하는 어려움이 매우 크다는 것은 잘 알려진 사실이다. 공산주의 제도에 알맞지 않는 제도-그 이전의 단계, 즉 자본주의 혹은 봉건주의의 잔재(殘滓)-가 전반적으로 자리잡고 있다는 데서 대체로 그러한 어려움이 생기게 된다. 국가의 명령에 의하여 새로운 공산주의적 제도에 전 국민을 투입했지만, 국가건설에 앞장서도록 하는 효율적인 방법은 못되었다.

일본의 경우에는 사회구조의 전통적인 성격을 그대로 유지할 수 있었기 때문에 공산국가들처럼 사회개혁에 막대한 희생을 치르지 않을 수 있었다. 고용주들은 근로자의 고용을 보장할 의무가 있었으며, 근로자는 주는 임금을 이의 없이 받아들였다. 그러나 일본도 선진개발국이 누리는 이득-주위의 타국을 정치 및 경제적으로 지배하여 상품과 서비스, 그리고 인력을 수출할 수 있으며 그에 수반하는 제반 이익-을 차지하였다.

이러한 사실에서 개발정책에 시사적인 것을 찾는다면 개발도상국들은 그들 나름의 고유한 제도를 발명하여 적용해야 한다는 것이다. 물론 그러한 제도는 외국적인 요소-기계, 재료, 기술, 지식, 심지어는 기술인력까지도-를 도입하는 융통성을 가져야 한다. 그리고 누가, 무엇을, 언제, 어떻게 획득하는가를 결정하는 근본적인 제도는 고유한 전통에 입각하여야 한다. 그러한 것은 토착적이면서 동시에 새로운 것이라야 한다. 그러나 중남미의 대체로 제도는 그것을 만든 사람의 이익을 위하여 운영되며 그 다음에는 그 주변의 사람들에게도 혜택이 돌아가게 되는데, 이는 그 제도를 만든 사람과는 별 관련 없는 사람들의 희생에 의한 것이다.

만일 제국주의 정치제도가 환영받던 시대에 이러한 이야기를 들고 나온다면 별 관심을 끌지 못했을 것이다. 로마시민의 특권은 식민지가 계속 확대되는 기간중에만 신장되었다. 마르크스는 이러한 원리를 자본주의 제도에 적용시켰다. 우리는 단지 이 원리를 다른 제도에까지 일반화시키며, 가능한 한 임금착취의

교회와 농장은 그렇지가 못하다. 왜냐하면 이는 원래부터 외국의 제도를 따른 것이기 때문이다. 예를 들면 브라질 북동부의 봉건농장에서는 그 지역에 사는 사람이면 누구나 보잘것없는 일자리라도 구하게 된다 같은 수입일지라도 마약이 수입되기 시작하면 그 국가의 국민이 굶어 죽을 때까지 그 수입량이 증가되지만, 기계가 수입되면 노동의 필요량을 줄여 준다. 그렇다고 단순하게 과거의 농장으로 되돌아가는 것은 당면한 빈곤을 가속화할 뿐이다.

새롭고도 전통적이라야 하는 것은 인간의 여러 가지 욕구가 충족되는 방식―어떻게 먹고, 입고, 주거생활을 하며, 교육받고, 위험·질병·재난·착취로부터 보호되는가 하는 방식―을 결정하는 제도적인 양식이다. 대체로 보아서 현대의 기술문명은 실제로 필요한 것이다. 그러나 그것을 필요로 하는 사람들에게 사용되어야 한다는 것이 진실로 중요한 것이다.

이러한 것은 선진국의 제도를 가지고서는 해결될 수 없다. 똑같은 제도를 가지고서는 제3세계가 선진국을 추월할 수 없다. 학교제도를 교육수단으로 채택해서는 현재의 선진국들이 하는 교육보다 더 나은 교육을 하는 것이 불가능하다. 예를 들면 연간 1인당 교육비로 50달러를 사용하는 브라질은 1인당 1,000달러 이상 투입하는 학교를 운영할 수 없는 것이다. 선진국의 공장보다 더 능률적인 공장을 세우지 못한다면 그 결과는 뻔하며, 개발도상국이 수송에 있어서도 선진국을 따라갈 수 없다. 그러나 그것은 고사하고 선진국과 비슷한 수준의 공장을 세우기도 불가능한 실정이다. 같은 수준의 공장을 세우려고 하더라도 자재를 선진국으로부터 사와야 하는데 그 가격 때문에 불가능하기 마련이다. 선진국에서는 그의 경쟁상대가 대두되는 것을 가격을 통하여 미연에 방지한다. 따라서 개발도상국은 열등한 위치를 벗어나지 못할 뿐만 아니라, 선진국의 성장수단을 모방하는 한 점점 더 불리해질 수밖에 없다.

미묘한 개념을 삭제시켰을 뿐이다. 의료혜택을 일반화시키려고 하는 사람들은 아직 학교교육을 받지 못하고 병원의 치료혜택을 받지 못하는 자들을 위해서 노력하고 있다 는 확신을 갖고 있다. 이는 초기의 전도사들이나 정복자, 그리고 무역상인들까지도 그와 동일하게 생각하고 있었다는 것과 마찬가지이다.

문제의 어려움은 우리가 제도의 주인이라기 보다는 제도의 노예가 되고 말았다는 점에 있다. 우리가 의도적으로 제도를 수정한다는 것은 거의 불가능하며, 만일 우리가 그렇게 한다고 하더라도 우리가 제도를 공경해 마지않아 스스로 머리를 조아리기 이전에는 거의 불가능한 일이다. 인간은 그렇게 얽매인 신세가 되어 있기 때문에, 우리는 혹시 우리가 부주의하여 그들을 놓쳐 버리고 헤어날 수 없는 야만의 상태로 빠지지나 않을까 조바심치고 있다. 사실상 이러한 공포심은 주로 특권층에 한한 것이고, 우리 개개인이 진정으로 두려워하는 것은 우리 자신의 작은 권리가 딛고 서 있는 어떠한 기반이나마 제도적인 것으로 인해 박탈당하지 않을까 하는 정도이다.

그런데 이러한 어려운 상황에는 심리적인 측면 뿐만 아니라 정치적인 측면도 개입되어 있다. 현재의 제도로부터 덕을 보고 있으며 그 제도를 유지하려고 노력하는 사람들이 있다. 이들 중에는 자본가, 경영자, 정치지도자, 그리고 다른 여러 가지 분야

오늘날 저개발국에는 선진국의 제도보다 더 효율적인 제도가 필요한 것이다. 농업・제조업・건설업・교육 등 모든 분야에서 보다 경제적인 결과를 얻을 수 있는 제도가 요구된다. 그러기 위해서는 전혀 다른 가정(假定)에서부터 출발해야만 가능하다. 인도에서 미국식의 식료품을 생산한다는 것은 불가능하다. 기껏해야 코카콜라・스카치위스키・쇠고기의 생산업자나 의사들—그러한 식품을 먹고 치료받으러 다니는 환자에 의존하는 의사들—이나 그러한 미국식 음식 때문에 덕을 보게 될 뿐이다. 구미(歐美)의 생산기준에 맞추어서 의복・건축・교육・치안을 꾀하는 것은 그들의 음식을 만들려고 애쓰는 것과 같이 어처구니없는 짓이다. 사실상 오늘날 유행하고 있는 것이 아니라, 달리 만들면 그보다 좋고 효율적인 재화와 서비스를 얻는 것이 그리 어렵지 않다.

의 권력자들이 있으며, 부유한 선진국가의 일반시민도 여기에 포함되겠다. 그러나 권력을 쥐고 있는 사람들 중에도 상당수의 사람들이 권력을 독차지하려는 마음을 가지고 있지는 않다. 그리고 권력의 지배를 받는 대부분의 사람들은 권력의 실체 앞에 서라기보다는 권력에 대한 환상적인 공포 앞에서 무릎을 꿇고 있다. 인간은 투쟁 없이는 기존 권력제도로부터 해방될 수 없으며, 또한 투쟁은 독창성과 새로운 발명이 없이는 별 효과를 보지 못한다. 여기서 중요한 문제는 오늘날의 선진국들이 현대적 발명수단을 효과적으로-반드시 계획적인 것은 아니라 할지라도-독점하고 있다는 점이다.

정치적인 혁명이론으로는 이에 대한 충분한 대책을 제시하지 못한다. 정치적인 혁명이론에 의하면, 새로운 계급이 권력을 획득하면 그들의 이데올로기에 표명된 바와 같이 이 계급의 가치에 따라 사회를 개혁한다는 것이다. 그러나 금세기에 범람했던 혁명을 돌아보건대, 기존 사회의 고유한 제도들의 대부분을 개혁하지 않고서 그 사회를 그대로 존속시키고 있다. 공산주의 국가의 학교나 병원은 자본주의 국가의 것과 다를 바가 없다. 근래에 쿠바 혁명의 경우에도 종래의 학교와 병원체계를 가지고 건강 및 교육혜택을 대중들에게 확대하려고 했던 것이다. 공산주의 국가와 자본주의 국가간의 농업 및 산업제도는 양 측이 상대방의 제도를 배격하고 다른 방식으로 발전시키려고 했지만, 두 가지 경우는 서로 비슷하게 접근하는 추세이다. 오늘날 널리 호응 받고 있는 이론에 따르면, 바로 기술문명이 이러한 노력을 좌절시키는 위력을 갖고 있다는 것이다. 그러나 기술문명은 다음과 같은 사실을 거의 설명하지 못하고 있다. 즉, 학교·종교·가족 그리고 다른 여러 가지 제도가 혁명정권이 개혁하려던 노력을 좌절시켰음을 설명하지 못한다.

그렇지만 제도가 결코 영구적으로 존속하는 것은 아니라는 증거가 얼마든지 있다. 금세기중에 전제왕국과 제국주의 국가들이 분쇄되었으며, 교회가 신도를 잃은 것은 아니지만 권력을 잃었고, 노동조합도 부흥했다가 쇠퇴했으며, 기업가는 경영자나 기술자로 대체되고, 산업의 업종간에도 흥망이 분분했던 것이다. 물론 이러한 변혁들의 일부분-특히 정치적 변혁-은 종종 혁명이론에 근거한 특정계획에 의한 것이라고 설명되지만, 대부분에 대해서 총괄적인 설명을 거의 못하고 있는 형편이다. 인간은 그 자신이 계획적이든 비계획적이든, 또는 이론이 있든 없든 간에 제도를 창조하고 파괴할 수 있다는 사실을 역사를 통하여 알 수 있다. 동시에 인간은 거의 상상할 수 없을 정도로까지 제도의 노예로서 행동하기도 한다. 인간은 그가 노예상태에 처해 있음을 철저하게 각성하고 그 다음 단계로 현 제도를 혁신하여 그를 대체할 대안을 신중하게 마련함으로써만이 자신의 노예상태를 타파할 수 있다. 그러나 이것으로 모든 것이 되는 것은 아니다. 즉 이것은 필요조건이지 결코 충분조건이 아니다. 투쟁은 불가피한 것이지만 적절한 사전적인 이해와 계획이 없이는 백이면 백 모두가 헛일로 돌아가고 만다.

  스스로 각성하여 효율적으로 행동하기 위해서는 제도적 변동에 대한 일반이론이 필요하다. 한 제도가 도입된 역사적 과정과, 그 제도가 성립할 수 있었던 사회학적 과정, 그리고 그에 버금가는 다른 제도가 대두되는 것을 방지하기 위하여 부과된 여러 가지 제한적인 조건들(권력과 자원의 제한 뿐만 아니라 창조적인 사고까지도 말살하는 여러 가지 제한)을 이해하기 위해서는 제도분석에 유용한 개념들도 개발해야 하겠다. 우리는 또한 현대인의 욕구를 정확하게 표현할 수 있는 언어-이 언어는 인간이 여태껏 자신의 욕구를 규정해 주는 존재로서 섬겨온 제도에 의하여 형성된 종래의 언어로부터 탈피한 언어-를 개발해야 한다.

7. 민주적 제도는 가능한가

● ● ● ● ● ● ●

　우리가 앞으로도 산업체제의 목표-생산의 증가, 그에 상응한 소비의 증가, 기술적 진보, 그것을 뒷받침해 주는 사회의 정신적 풍토-를 그대로 우리 인생의 목표인 것으로 받아들인다면, 우리의 삶은 완전히 이러한 산업체제의 목표에 봉사하는 존재가 되고 말 것이다. 그러면 우리는 이러한 목적에 부합하는 것만을 갖도록 허용받게 될 것이며, 그 외의 모든 것은 우리의 손이 닿지 않는 저 너머에 있게 될 것이다. 우리의 욕구는 산업체제의 필요에 맞도록 조작될 것이다. 국가의 정책도 그와 같은 영향력을 받게 될 것이며, 교육도 산업상의 필요에 따라 조정되게 될 것이다. 그 밖의 다른 목표는 사치스럽고 까다로운 것으로 보이게 되거나 별로 중요하지 않거나 혹은 반(反)사회적인 것처럼 보이도록 될 것이다. 그리하여 우리는 산업체제의 목표에 얽매이게 될 것이다. 국가는 이런 목표를 위해 도덕적 힘과 또 경우에 따라서는 법률적 힘까지도 마련할 것이다. 그리하여 결국에는 들판에서 강제적으로 일하던 머슴이 아니라, 그와는 다르게 집안에서 마님을 모시고 마님의 이익을 자신의 이익처럼

･･･････

 돌보는 청지기의 극진한 충성이 전반적으로 나타날 것이다. 그러나 그것은 결코 자유로운 것이 아니다.
 한편 그와 반대로 산업체제가 단지 인생의 일부분에 지나지 않고, 그것도 비교적 비중이 줄어드는 추세라면 걱정할 필요는 훨씬 적어질 것이다. 그렇다면 미적인 목표가 자랑스럽게 독자적인 영역을 차지할 것이며, 미적 목표에 봉사하는 자들이 산업체제의 목표에 지배되지 않게 될 것이다. 산업체제 자체가 이러한 차원의 삶이 요구하는 바대로 따르게 될 것이다. 교육과정에서 지식적인 준비를 하더라도 그것은 그 나름대로의 과정을 밟아 가는 것이지 산업체제에 더 나은 봉사를 하려고 준비하는 것이 아닐 것이다. 그리고 인간은 산업체제의 목표와는 어울리지 않는—끊임없이 진보해 가는 기술적 방법을 통해 재화와 소득을 생산해 낸다는 목표를 벗어나는—인생에는 아무런 중요한 것도 없다는 거짓된 신념에 빠지게 되는 일도 없을 것이다.

—존 케네스 갈브레이스 〈새로운 산업국가〉

제도의 논의에 필요한 알맞은 용어가 없기 때문에 민주적인 제도가 가능하다는 가정이 성급하게 느껴질 수도 있을 것이다. 그러나 여기서의 가정은 지배복종의 관계가 점차적으로 억제될 수 있으며,* 이러한 제도를 장려하면 공정하고 민주적인 사회의 발전이 촉진될 수 있다는 것이다.

'제도'라는 용어는 위계질서, 통제, 특권, 배척 등의 이미지와 밀접하게 연관되어 있기 때문에 민주적 제도라는 개념 자체가 어색하게 보인다. 제퍼슨식 민주주의는 전체를 주도할 만한 거대한 제도를 배격함으로써 성립할 수 있는데, 기업체와 국가적 관료기구가 너무 비대함에 따라 실패하는 비운을 맞이했다. 갈브레이스를 비롯한 여러 사람들에 의하면 현대의 기술문명은 거대한 기구를 필요로 한다는 것이다. 본 장의 첫머리에 인용한 바 있는 갈브레이스의 『새로운 산업국가』**의 주제는 여러 가

---

* 알렉스 바벨라스 *Alex Bavelas*를 비롯한 여러 학자들이 소집단 내에서 커뮤니케이션이 여러 가지 통로로 형성된다는 것을 실험하였다. 바벨라스의 연구와 우리가 다루는 가정과는 직접적인 관계는 없지만 이론적인 설명에 시사적인 여러 가지 공통점을 갖고 있다.

Alex Bavelas ; *"Task Oriented Groups"*, Journal of the American Acoustical Society, 1950 ; 22, pp. 727~730

** Joun Kenneth Galbraith ; *The New Industrial State*, (New York : Sighet Books, 1967)

지 점에서 우리가 지금 논의할 문제와 일치하고 있다. 그의 논의는 매우 상세하고 대단히 주의 깊게 근거를 제시해 가면서 설득력있게 진행했다. 그가 제시한 방증의 도움이 없었더라면 우리가 여기서 취하고 있는 입장은 훨씬 더 근거가 약한 모래 위의 집이 되었을 것이다. 그러나 우리가 개략적으로 제시하는 제도적 유형의 양분화 현상에 대해서는 갈브레이스도 아무런 언급이 없었다. 갈브레이스는 <풍요한 사회>* —어떤 점에서는 <새로운 산업국가>의 속편이라고 불러도 좋을—에서, 자원 처리가 사기업에서 공기업으로 과감하게 바뀌어져야 할 필요성을 이야기하고 있다. 다시 말하건대 여기서 행해질 논의와의 중요한 차이는 그가 훨씬 방대한 방증을 통해 그의 주장을 펴고 있으며, 훨씬 더 신중을 기했다는 점에 있다. 갈브레이스의 경우에는 모든 희망을 기본적 가치관의 변화에 두고 있는 것처럼 나타난 변화에 두고 있는 것처럼 나타난다. 그러한 변화가 없다면 그 외의 것은 어찌할 도리가 없다는 것이다. 그의 생각이 옳을지도 모르겠다. 그러나 본 장에서는 일단 그러한 변화가 일어나기 시작하면, 제도적 발전을 위한 적절한 프로그램을 통하여 제도상의 목표와 인간적인 목표간에 대립하는 투쟁이 아니라, 그 이상의 어떤 보다 나은 결과에 이를 수도 있다는 것을 제시하려고 한다.

역사적으로 볼 때 적어도 준(準)민주적인 제도들은 존재했었다. 그리스의 도시국가, 뉴잉글랜드타운, 제퍼슨 식 공화국, 그리고 몇몇의 초기적 사원이나 교회, 종교단체들이며 또한 중국의 시장조직망** 등이 그것이다. 또한 민주적 목적에 기여하는

---

* F. K. Galbraith *The Affluent Society*, (Boston, Mass.∶Little, Brown and Company, Inc., 1967)

** G. William Skinner ; "Marketing and Social Structure in Rural China" Peasnt Society, *A Reader*, (Boston, Mass.∶Little, Brown and Company, Inc., 1967)

것처럼 생각되는 현대적 제도도 몇 가지 있다. 예를 들면 우편 제도와 전화시설, 도로망 등이다. 중국의 시장조직망이나 도로망에 대해서 '제도'라는 용어를 붙이는 것이 어색하게 느껴지는데, 그것은 우리가 '제도'라는 개념을 다르게 생각하도록 훈련받은 까닭이다.-최소한 부분적으로라도 그것에 기인한다.

제도의 역사는 지배의 역사다. 군대, 사원, 법정, 제국 등이 제도의 모형을 확립했으며, 몇 가지 예외에도 불구하고 이러한 제도적 모형은 이와 다른 것은 제도가 아니라고 규정할 정도로까지 인간의 사고를 결정해 버렸다. 한편 위계질서가 없고 배타적이지 않은 조직도 하나의 제도라고 불릴 수 있다고 인정하는 사람들조차도, 위계질서와 선별적 회원영입(迎入)이 제도의 효율성을 높인다고 주장한다. 아마 그럴지도 모른다 지배라는 목적을 위해서는 말이다. 구성원을 지배하는 데 보다 효율적인 제도는 그의 경쟁상대를 지배하는 데도 더 효율적일 것이다. 페리클레스는 아테네의 민주주의가 우월하다고 훌륭하게 설득했지만 전쟁에 이긴 것은 스파르타였다. 그 다음에 비교적 보다 민주적이었다고 할 수 있는 그리스의 도시국가들이 그보다는 덜 민주적이었던 로마에 정복되었다. 그러나 스페인에 대한 영국의 승리와 양차 세계대전의 결과를 고려하면, 보다 민주적인 국가가 패한다는 이야기는 그 근거가 희미해진다. 그러나 영국의 역사가조차도 영국해군의 규율-어느 정도까지는 채찍에 의하여 확립된-을 승리의 요인으로 들고 있다. 그러나 독재와 민주주의 사이의 전쟁이 아직 끝난 것은 아니다. 오늘날에 와서 통제의 필요성을 가장 열렬하게 부르짖는 자들은 민주주의 국가의 지도자들인 것이다.

위계질서의 옹호론자들은 보다 규모가 크고 단계적으로 통제가 가능한 제도가 다른 제 삼의 제도를 지배하는 데 효율적이라고 인정하는 것만으로는 만족하지 않을 것이다. 그들은 또한 그러한 제도가 더욱 생산적인 효율성을 가지고 있다고 주장한다. 이는 마치 큰 상어가 작은 상어를 잡아먹을 수 있으므로 큰 상어가 작은 상어보다 효율적인 소화기관을 가지고 있다고 주장하는 것과 마찬가지다. 과연 제너럴 모터스 회사는 규모가 더 크기 때문에 더 생산적인 것일까? 아니면 더 생산적이기 때문에 더 규모가 큰 것일까? 둘 다 아니다. 그것은 기업을 합병했기 때문에 커진 것이다. 그리고 그 규모 덕분에 독립적인 타회사를 집어삼키는 데 필요한 자원을 마련할 수 있는 것이다. 일반적으로 말해서 그것이 다른 회사보다 효율적인 생산기구라고 할 수는 없다. 만약 그렇지 않다면 소규모의 회사로부터 크고 작은 부품들을 그렇게 많이 사들이지는 않을 것이다. 기업의 규모가 크므로 생산에 있어서 얼마간의 경제가 가능할 것이며, 이것은 시장을 지배하는 데 도움이 될 것이다. 제너럴 모터스 회사는 현재로는 자기가 참가하고 있는 경기를 가장 효율적으로 이끌어 가고 있는 운동선수이다.-마치 오늘날 소련과 미국이 세계적인 패권다툼이 지배자이듯이. 그러나 이들 양 국가가 다른 모든 점에서도 효율성의 모범이 된다고 주장할 사람은 아마도 없을 것이다.

제너럴 모터스 회사와는 대조적인 미국 전신전화국을 생각해 보기로 하자. 전신전화국은 제너럴 모터스 회사에 못지 않은 규모를 갖추고 있으며, 고도의 기술을 사용하고, 역시 이윤을 추구하고 있다. 그러나 이 두 회사가 고객을 위해서 무엇을 하고 그들의 고객에게 무엇을 해주는지를 비교해 보면 커다란 차이가 있다. 전화국은 전화를 설치해 준 후, 소비자가 자신의 특별한 이유 때문에 전화를 다른 것으로 바꾸겠다고 하지 않는 한, 몇 년이 지나도 처음에 설치한 전화기를 그대로 놔둔다. 전화 가입자는 한 달에 약간의 전화 사용료만 지불하면 된다. 전화 걸기를 좋아하는 십대의 자녀가 없다면 그에게 전화가 오거나 그가 전화를 걸려고 하는 경우를 제외하고는 전화에 대해서 신경을 안 써도 된다. 전화기는 세척하거나 왁스칠을 할 필요도 없고 특수한 경우를 제외하고는 보험에 가입할 필요도 없으며 도난의 우려도 없다. 한편 그것은 무슨 자랑거리도 아니며 신경을 써야 하는 것도 아닐 뿐만 아니라 공포를 느낄 만한 것도 아니다. 옆집이나 세계의 어디든지 전화할 필요가 있을 때면 언제든지 이용할 수 있으며, 무슨 이야기를 하든 상관없고 남에 의해 방해받지도 않는다. 비록 자기의 전화가 없거나 전화를 설치하고 싶지 않은 사람이라도 손에 동전 한 닢만 있으면, 또는 친구만 있으면, 또는 얼굴만 정직하게 보여도, 긴급한 구실만 있어도 사용할 수 있다. 전화 이용자가 전화를 통하여 아무리 중요한 용건을 처리하건, 얼마나 덕을 보건 간에, 그리고 그의 신분이 무엇이건 간에 그가 지불하는 사용료는 그에 상관없이 일정하다. 물론 돈 많은 사람은 더 편리한 서비스를 받기도 한다. 그러나 전화 조직망은 기본적으로 민주적인 것이다.—그것이 컴퓨터나 기업체 혹은 군대조직보다는 개인에게 봉사하는 한도 내에서는.

주인에게 소유되어 있다기보다는 주인을 소유하고 있는 캐딜락이나 시보레 자동차는 전화의 경우와는 너무나도 다르다. 차를 구입하기 오래 전부터 가족회의에서, 다른 것은 물론이고 모델은 무엇으로 하고, 색깔은 그리고 스타일, 마력, 자동창문 개폐기 *power window*의 부착 여부, 동력식 핸들조작장치 *power steering*의 부착여부 등에 관하여 논의된다. 새로이 구입할 차가 가정생활을 뒤흔들 듯이 그에 대한 비용이 가계를 지배한다. 구입할 차에 관하여 한 가지 한 가지가 결정될 때마다 희비가 엇갈리게 된다. 여기서 차의 효율성은 별 관심도 없이 맨 뒤로 미루어진다. 주차료를 물지 않고 주차장을 얻기 위하여 자동차 클럽에도 가입해야 한다. 그리고 마일당 휘발유 비용이 이웃과의 토론거리가 될 것이다. 납이나 다른 유독가스의 배출 따위의 문제는 아예 생각하지도 않는다.

인간성 때문인가? 아마 그럴지도 모른다. 그러나 다른 경우에는-예를 들면 좋은 말을 가지고 경쟁한다거나, 좋은 지팡이 혹은 멋있게 생긴 돌멩이 혹은 빨리 걷기 등의 시합을 벌이는 경우-그 시합 때문에 그들의 인생전체(직장, 세금, 교육, 그리고 그들이 생활하는 공기나 물, 토지의 조건 등을 모두 포함한)를 그 생산자-말사육가, 지팡이 생산자, 괴석채집가 등-에게 내맡기지는 않는다. 하지만 그래도 인간성이 개입되어 있다. 현대식 주택이나 편리한 가정용구와 마찬가지로 자동차라는 것은 너무나 커서 도저히 어떻게 할 수 없는 장난감과 같다고 하겠다. 주인에게 복종하겠다는 약속을 받고 그러한 장난감을 구입하지만, 마치 초기 종교의 우상이나 사원 내의 매춘부 혹은 저절로 맡아지는 향기와 같이 거부하기가 어려운 것이다. 인생은 지루하다. 도대체 그 외의 무엇이 이 지루함을 달래 줄 수 있단 말인가?

이것은 인간을 지배하는 세 가지 전통적인 방법 중의 하나이다. 다른 하나는 강제력이며, 나머지는 생활필수품을 통제하는 방법이다. 강제력은 주로 국가간에 사용되고 있으며, 필수품을 통제하는 방법은 하층계급의 복종을 얻어내는 데 사용된다. 성인들의 경쟁이란 자신의 생존을 확보하기 위한 것이다. 국제간의 경쟁, 계급간의 경쟁, 그리고 개인간의 경쟁, 이 모든 것은 상호간에 관련되어 있다. 첫번째 경쟁에는 군대제도가 필요하며, 두번째 것에는 경찰 및 형벌제도가, 그리고 마지막의 경우에는 제너럴 모터스 회사와 같은 제도가 필요하다. 이들 제도의 공통점은 한 단체 혹은 개인에게 상대방에 비해 우위(優位)를 확보해 주려고 한다는 점이다. 모든 형태의 우위에 공통되는 것은 그러한 우위를 제공해 주는 생산물에 대해서 뿐만 아니라, 그 우위 자체에 대해서도 그것을 획득하려면 지불해야 하는 가격이 붙어 있다는 점이다. 이 우위가 영구적인 것일 때는 이 가격은 계속적으로 지불되어야 하며, 여러 가지 우위가 복합되어 있으면 그 합계된 가격을 지불해야 한다. 이러한 점은 파우스트 신화에서 아주 우아하게 드러나고 있다. 인류의 신화 전반에 걸쳐 그러한 주제가 나타나고 있다. 이것이 바로 민주적인 제도와 지배적인 제도를 구별해 주는 시금석인 것이다.

　민주적인 제도는 다른 사람에게 우위를 제공한다거나 혹은 사람들이 그에 종속되어 있다는 느낌을 갖게 하지 않으면서, 복지기관처럼 서비스를 제공하고 필요를 충족시켜 준다. 그것은 생산체제의 형태를 취하기보다는 조직망의 형태를 취한다. 이 조직망은 완제품을 만들어 팔기보다는 무엇인가 이룰 수 있는 기회를 제공해 주는 것이다. 통신 및 운수제도, 상·하수도사업, 전기·가스사업, 상품의 유통을 원활히 하는 시장제도 등이 그 예이다. 공익사업은 그들이 정말로 사회를 위하여 유용한 것을 제공하는 한 민주적 제도인 것이다.

　진정한 공익사업이란 모든 사람이 무료로 혹은 누구나 지불할 수 있는 적은 요금으로 혜택을 받을 수 있는 제도이다. 그것을 이용하고 안하고는 사용자의 선택여부에 의하여 결정되는 것이며, 원하지 않으면 얼마든지 무관심해도 괜찮다. 그리고 전기나 물과 같은 가장 대표적인 생산물들은 다양한 목적으로 사용될 수 없다. 도로나 우편도 마찬가지다. 우리는 진정한 의미의 '규모의 경제'를 공익사업에서 볼 수 있다. 규모가 더욱 커지고 더 많은 사람들에게 봉사하게 되면 그만큼 그것은 모든 사람들에게 더욱 유익한 기구가 될 수 있다. 상·하수도 사업은 그러한 점에서 예외인 것 같이 보일 수도 있지만, 공중의 건강 문제를 고려할 때는 그렇지 않다. 일반 도로망과는 대조적인 것으로 폭넓은 고급 고속도로는 잘못된 공익사업이다. 그러한 고속도로는 공공기금으로 만들어졌지만, 사실상 차를 가진 사람들만의 사적인 소유물이다. 공익사업은 기본적이고도 일반적인 필요에 대해 봉사하는 것이다. 말하자면 물, 에너지, 통신수단, 수송수단, 식료품, 원료, 그리고 완성제품을 교환할 장소 등등은 누구나 기본적으로 요구하는 것이다. 그렇지만 기본적인 필요는 한정되어 있는 것이지 무한히 증가될 수 있는 성질인 것이 아니다. 따라서 시간과 노동력, 원료, 인적 에너지를 다 소모시키지 않고서도 충족될 수 있다. 이러한 기본적 필요가 충족된 후에, 사람들이 원하는 대로 할 수 있는 일이 더 있으며 그에 필요한 자원도 남아 있다. 민주적 제도의 관리자들은 그들의 고객들이 표명하는 욕구에 응답할 수 있고 또 그렇게 해야 한다.

일부의 사람들에게만 유리한 우위를 인정해 주거나 유지해 주는 제도들은 앞에서 언급한 공익사업제도와는 정반대되는 것이다. 이들은 조직망이라기보다는 생산체계의 형태를 취하는 경향이 있다. 비록 조직망이 있다 하더라도 그것은 어떠한 생산물을 분배하기 위한 부차적인 목적을 위한 것에 불과하다. 그것의 혜택에 접근하는 것은 제한되며, 그에 부과되는 비용은 대체로 매우 비싸다. 그러나 일단 여기에 발을 들여놓으면 관계를 끊기가 어렵다. 일단 관계를 맺고 나서는 그에 참여하는 것이 의무적이거나 상습적으로 되기 때문이다.* 그리고 그러한 제도의 생산물은 특수하고 정교하여 다목적인 경향이 있으며, 규모의 비경제가 작용한다는 점이 매우 중요하다. 어떤 점에서는 새로운 고객에게 용역을 확대하는 것이 이전의 고객에게 불리한 경우가 있다. 이러한 제도의 서비스가 충족시키는 필요들은 기본적인 것이 아니라 유발된-적어도 부분적으로는-것이다. 게다

---

* 예를 들어서 설명한다면, 민주적 제도의 생산품인 '전기'나 전기를 사용하는 '가전(家電)제품'-지배적 제도의 생산품-이나 습관적으로 쓰이기는 마찬가지라고 주장하는 사람도 있을지 모르겠다. 피상적으로 판단한다면 그렇게 보일 수도 있겠지만, '습관적'-혹은 중독적-이라는 의미에는 보다 엄격한 기준이 있어야 할 것이다. 즉 습관이라는 데에는, 동일한 수준의 만족을 제공하기 위해서는 보다 더 자극적인-혹은 정도가 심한-생산품이 필요한 것이다. 이러한 점에서 고려할 때, 전기제품 사용은 습관적이라는 것이 명백하지만, 가전제품이나 다른 전기적인 제품을 사용하지 않고 그냥 '전기' 자체만을 볼 때는 결코 그렇지 않다. 상수도 시설도 마찬가지이다. 사람들이 고급 세탁기, 혹은 물을 많이 쓰는 세차기 등을 사용하지 않으면 수도물을 한없이 많이 먹거나 쓰지는 않는다.

가 일단 그러한 필요가 유발되기 시작하면 그것은 끝없이 무한한 것으로 아무리해도 만족스럽게 충족될 수 없는 성질의 것이다. 배탈날 정도로 과식을 해도 완전히 만족할 수는 없는 것과 같다. 그러므로 민주적 제도와는 달리 지배적 제도는 모든 것을 요구하는 경향이 있으며, 인간의 생활공간 내지는 생물의 전체 생활권의 생명유지능력을 소진시키는 경향이 있다. 지배적 제도의 관리자는 지배권을 잡고 그 지배권을 놓쳐서는 안된다. 고객들은 그에 의하여 항상 유인되고 조정되며 억압당해야 한다. 고객들의 진정한 주관이나 선택은 지배적 제도가 존립해 나갈 근거들을 뒤흔들어 버리게 되기 때문이다.

실제 제도는 대부분이 이 두 가지의 대립되는 모형 *Prototype*에 단지 부분적으로 일치하고 있다. 그러나 공익사업과 같은 몇 가지 제도는 민주적 제도에 상당한 정도로 일치하며 군대나 감옥, 정신병원 따위는 지배적 제도에 상당한 정도로 일치하고 있다. 그리고 다른 대부분의 생산물이나 서비스, 제도들은 두 가지 모형의 중간에 위치하고 있다. 자동차나 현대식 주택, 가정용품 따위는 자기의 재산을 자랑하는 도구로 쓰이지만 한편으로는 실제생활에서도 유용하게 사용된다. 그렇지만 외상으로 장거리 전화를 거는 것은 단순히 남보다 잘나 보이려는 짓일 뿐이다. 전화회사에서도 공익적 운영과 지배적 제도의 성격을 띤 광고를 하듯이, 제너럴 모터스 회사에서도 고급 승용차 뿐만 아니라 서민들이 타는 버스도 만들어 낸다. 그러나 버스 생산은 거의 부수적인 것에 불과하다. 제너럴 모터스 회사의 정책과 사회에서의 역할은 수송을 위한 차량이라기 보다는 신분을 나타내는 상징물로서의 기능을 일차적으로 고려하는 고급 승용차의 생산에 의해서 결정된다. 비디오폰(상대방의 얼굴을 보며 통화할 수 있는 전화)의 개발에 따라 전화회사도 쉽사리 그러한 길로 접어들 수 있게 되었다. 비디오폰은 만인을 위한 것이 아니며, 또 프라이버시가 요구되는 장소에 설치하는 것은 곤란할 것

같다. 이로써 자동차의 성격을 비판하던 종래의 입장을 바꾸어 정교화의 길을 걸을 수도 있다. 그러한 문제의 선택권이 경영진에게 맡겨진다면 전신전화국은 제너럴 모터스 회사의 길을 걷게 되리라는 것은 명약관화하다. 진정한 공익사업은 고객에게 봉사하고 고객의 지휘를 받아서 경영되어야 한다. 지배적 제도의 경영은 자기의 종업원은 물론 그의 고객도 지휘해야 한다. 선택은 숙명적인 것이다. 다행스럽게도 우리가 선택할 여지는 아직도 남아 있는 것 같다.

 선택은 고도의 기술과 하급의 기술 중에 하나를 선택하는 것이 아니다. 그것은 필요한 생산물을 생산하는 기구를 공익사업 제도로 할 것이냐, 아니면 개인공장의 사적인 경영제도에 맡길 것이냐, 혹은 공적 경영제도를 택할 것이냐 하는 것을 선택하는 것만도 아니다. 그것은 자기에게 필요한 생산품의 종류와 질 그리고 구입품목을 선택하는 것이다. 얼마든지 담을 수 있도록 '밑빠진' 부자들의 시장바구니는 가난한 사람들 뿐만 아니라 부자들의 진정한 자유와도 모순되는 것이다. 그러나 이러한 표현은 정확하다고 할 수 없겠다. 그냥 '밑빠진' 시장바구니라고 했지만 그것은 사람들이 사고 싶은 욕구를 일으키도록 고도의 기술에 의하여 만들어진 물건만 들어갈 수 있는 바구니다. 물론 매우 부유한 사람들을 위한 수제품(手製品)과 같은 주문생산품으로 채워질 수도 있을 것이다. 하지만 이것들도 물론 시시한 것이 아니라, 인간문화재급의 장인(匠人)이 직접 만든 것이라야 한다. 그러나 아무리 고도의 재간을 가진 장인이라도 고도의 현대기술과 끝까지 경쟁하게 되면 결국에는 쓰러지지 않을 수 없다. 선택은 결국 두 가지의 극단적인 생활양식 중에 하나를 택해야 하는 것이다. 그 하나는 평등주의적이고 다양한 선택을 허용하며, 여기에 필요한 상품의 종류는 비교적 몇 가지 안 되는 기본적인 것이다. 그리고 여기서는 각자가 알아서 일을 해야 하지만, 자기들이 원하는 것을 할 수 있는 시간과 자유를 갖고 있다. 다른 하나의 생활양식은 국가간, 계급간, 그리고 개인간의 경쟁에 의하여 유지되는 통합적 특권의 위계질서에 근거를 두고 있다. 그러나 그 경쟁자체가 기존 조직 속에서 한계가 주어져 있으므로 불공정한 것이지만, 승리자에게 돌아가는 상은 매우 호화로운-최소한 표면상으로는-것이다.

앞에서 고찰한 두 가지 중에서, 후자의 경우에 있는 사람들이 전자의 경우로 나가려 한다고 확신한다면, 그것은 너무 낙관적인 것처럼 보일 것이다. 그렇지만 그러한 선택이 전혀 자발적인 것은 아니라고 할지라도, 그러한 현상이 일어날 징조가 보인다. 환경의 오염, 피압박계급으로부터의 압력, 그리고 전쟁에 대한 공포는 그러한 문제를 결정하는 데 도움이 될 것이다. 그러나 맹목적인 강제력은 이성적으로 해결책을 찾아갈 수 없다. 단지 지성만이 그것을 할 수 있다. 바로 이점 때문에 교육이 중요한 것이며 교육을 학교에 맡겨 놓을 수 없는 까닭이다.

학교 자체는 기회를 제공하는 조직망이라기 보다는 지배적 제도이다. 학교는 교육이라는 이름으로 자기의 고객들에게 팔려 나가는 하나의 생산품을 개발했다. 부모들은 자식에게 갖는 정성을 다 쏟기 때문에 학교는 보다 덜 비판적인 고객들을 갖게 되며, 학교는 또 그들에게 다른 지배적 제도가 제공하는 상을 수여한다. 부모들은 자기보다도 자식들이 이 상을 받기를 원하며, 지금 당장의 환상보다는 장미빛 미래에 훨씬 쉽사리 현혹되어 버린다. 거리를 두고 떨어져서 볼 때는 경쟁이라는 것의 허구성이 그리 쉽게 노출되지 않는다. 우리가 걸어온 길을 그대로만 따라오면 다른 나라 사람들도 지금 우리처럼 살 수 있다느니, 노동자들도 우리처럼 열심히 공부하고 배운다면 우리만한 생활수준을 가질 수 있다느니, 우리 어린애들도 제대로 가르치기만 한다면 우리가 누릴 수 없었던 것을 향유하게 되리라는 생각, 이런 식의 가정은 정말 그럴듯하게 들리지만 제대로 검토해 보면 너무나도 허망한 것임이 명백하게 드러난다. 끝없는 소비경쟁은, 종국에는, 토끼를 통째로 삼키는 한 마리의 날쌘 사냥개와 한줌씩의 찌꺼기를 나눠 먹는 수천의 별 볼일 없는 개들, 그리고 그것도 못 얻어먹고 돌아다니는 똥개들을 갈라놓게 된다. 이것은 국가간에 있어서도 마찬가지다. 학교는 이렇게 빤히 내다보이는 결과를 사람들이 보지 못하게 흐려 놓을 뿐만 아니라 이러한 전망과 모순되는 온갖 환상을 열심히 만들어 내고 있다. 학교는 학생들을 개인간, 계급간 그리고 국가간의 경쟁에 아주 적합하도록 키워 가고 있다. 자기는 교육을 받았다고 믿는 어른들, 그리고 자신의 교육을 도모할 수 있는 능력이 소진된 어른들이 학교에 의하여 만들어지는 것이다.

학교는 모든 중요한 교육자원 - 사물과 사람을 포함하여 - 에 접근할 수 있는 기회를 누구에게나 제공하는 조직망으로 대체되어야 할 것이다.

8. 교육자원의 재조직

• • • • • • • •

    다음과 같은 새로운 시도가 이루어졌다. 말이란 단지 물건의 이름에 지나지 않는 것이므로, 사람들이 특정한 일을 처리하는 데 필요한 물건을 가지고 다닌다면 더욱 편리하리라는 것이었다.
    만일 여자들과, 천하고 무식한 자들이 이런 방식대로 말을 할 수 있는 자유가 허락되지 않는다면 반란을 일으키겠다고 위협하지 않았던들 이 새로운 계획은 분명히 시행되어 사람의 건강은 물론 생활을 편하게 하는 데 커다란 공헌을 했을 것이다. 과학에 대해 도저히 화해할 수 없는 것은 이들 통속적인 사람들이다. 그러나 가장 확신이 깊고 현명한 사람들 가운데 많은 사람이 물건을 가지고 의사를 표시하는 새로운 방법을 고수하고 있다.

• • • • • • •

 그 방법을 지키는 데는 곤란한 점이 꼭 한 가지 있다. 만일 누군가가 다루는 사업이 상당히 크고 여러 가지에 관계되는 것이라고 한다면 그는 결국 등에 커다란 물건 보따리를 메고 다녀야 하는 것이다. 돈이 많아 힘센 하인 한 둘을 데리고 다닐 수 있지 않는 한.
 이런 현자 두 사람이 구라파의 행상인들처럼 보따리 무게에 짓눌리며 걷고 있는 것을 가끔 보았다. 그들은 길거리에서 서로 만났을 때 짐을 내려놓고 보따리를 열고 한 시간 동안 서로 물건으로 대화를 나누는 것이었다. 그리고 나서 다시 물건을 집어넣고 서로서로 보따리를 지는 것을 도와준 후 헤어지는 것이었다.

-조나단 스위프트 〈갈리버 여행기〉

교육적 가치를 갖는 사물에는 일반적인 가치를 갖는 것과 특수한 가치를 갖는 것이 있다. 그리고 특수한 가치를 갖는 사물에는 다시 두 가지가 있다. 하나는 상징을 구체화시켜 주는 것이고, 다른 하나는 상징적인 정보를 만들어 내고, 풀이하고, 전달하거나 받아들이는 것이다. 모든 사물은 의사소통-커뮤니케이션-의 수단으로 사용되지만, 스위프트가 지적한 것처럼 그 중에서 어떤 것은 다른 것보다 나을 수 있다. 커뮤니케이션의 수단으로 가장 좋은 것은 기록, 책, 녹음테이프, 그리고 상징적 표현을 달리 저장할 수 있는 것들이다. 기록은 저장하고 유지하기에 비교적 쉽고 비용이 싸기 때문에, 기록이 의미하는 사물들을 보관하는 경우보다 얼마든지 효율적으로 이용되도록 편성될 수 있다. 이러한 것은 인간의 두뇌에 의하여 가능한 것이며, 나아가서 컴퓨터, 도서관, 마이크로필름 보관소 등의 덕택이기도 하다. 중앙도서관이나 국가기록 보관소 같은 거대한 기록 수집기관은 개인의 두뇌처럼 사회의 집합적 두뇌 역할을 한다. 그러한 기록 수집기관은 컴퓨터를 이용하여 효용을 증가시키며 인간두뇌의 역할을 이상 없이 잘 대리해 줄 것이다. 교육받은 사람들이 기록을 이용하는 효율적인 방법은, 오늘날보다도 장래로 갈수록 점점 절실하게 요구될 것임에 틀림없다. 오늘날에 있어서도 기록은 인간의 두뇌를 확장시켰다는 중요한 의미를 가진다. 인간의 두뇌에 기억될 많은 것들이 이러한 보조적인 기억체제에 신중하게 저장되고 있다.
 거의 완전하리 만치 보편적인 교육을 잠재적으로 시키는 경제적인 방법 중의 한 가지는, 여러 가지 형식의 기록체제가 거의 모든 사람에 의하여 언제라도 아주 쉽게 이용될 수 있도록 편성하는 것이다. 그렇게 되면 기록체제를 이용할 수 있는 기본적인 수준의 능력만 갖춘 사람이면 누구나 자기 자신을 거의 어떠한 수준까지라도 교육시킬 수 있게 된다. 사실상 책을 읽을 줄 알고 책을 찾을 줄 아는 모든 사람에게 이러한 가능성은 오늘날까지 적용되어 왔다. 새로운 발전도 이러한 과정을 단순히 쉽게 만드는 것에 불과하다. 그리고 정보에 있어서도 정보를 얻고 분석할 줄 아는 사람에게도 역시 마찬가지로 적용된다는 것도 중요하다. 하여튼 독서는 오늘날 컴퓨터가 그렇듯이, 똑같이 사물을 쉽게 만들어 준다. 기록체제가 사물을 매우 쉽게 만들어 줌으로써 오늘날 교육이 보편화될 수 있다.
 이렇게 이루어지는 교육의 질(質)은 사람들이 이용할 수 있는 기록의 질과 완벽성의 수준에 달려 있다. 그런데 기업이나 국가의 이해(利害)가 달려 있는 중요 정보들은 이용할 수 없을 것이다. 뿐만 아니라 어떤 집단에 대하여 그들의 이익을 지켜 나가는 데 중요한 정보들도 역시 마찬가지일 것이다. 이러한 것이 바로 교육기관이 혼자서는 해결할 수 없는 문제들이다.
 도서관은 기록 내지는 그와 유사한 것을 위한 조직체의 전형(典刑)이 되고 있다. 이러한 교육적 자료들을 공부하는 사람들이 마음대로 접할 수 있도록 하기 위해서는 도서관의 체제 확장이 필요하다. 그런데 확장하여야 할 규모가 어마어마하게 크다. 지금의 도서관은, 대부분의 기록들이 경제적으로 그리고 손쉽게 재생산될 수 있지만, 그것을 충분히 이용하지 않고 있다. 물론 저작권 보호법과 다른 복사금지 등의 제한규정에 의하여 상당히 통제되고 있긴 하다. 값싼 재생산 방식의 발명과 이러한 규제방침 등이 오늘날의 도서관이 도서관 이용자보다는 도서관의 보관 기록물에 대한 의무에 충실한다는 보호적 기능을 수호하고 있음을 설명해 주고 있다. 이러한 전통은 배격되어야 하며, 일반대중보다는 엘리트를 위주로 하는 것도 극복되어야 한다. 책을 읽는 사람들은 엘리트이며 도서관은 책을 중심으로 성립된 것이다. 따라서 앞서 언급한 도서관의 보호적 기능 뿐만 아니라 이 엘리트 집단이 도서관의 교육적 영역을 제한하여 왔다. 학교교육을 대체할 중요한 제도적 대한(代案)으로 발전할 교육자원의 조직망에서 도서관이라는 이름을 삭제하는 것도 좋은 생각이라는 느낌을 받을 정도이다.

여러 가지 기록의 보관과 그 목록이 크게 확장되었지만, 그에 덧붙여서 정보의 전달에 획기적인 가치가 있는 것을 효율적으로 이용할 수 있게 되어야 한다. 이는 기록하고 그것을 만들어 내고, 그 내용을 전달하는 과정에 필요한 도구들의 발전을 의미하는 것이다. 책은 그 내용을 독자가 다시 받아들이는 데 특별한 도구가 없어도 되는 좋은 수단 중 하나이다. 그래도 책과 신문을 찍어 내려면 연필, 타자기, 그리고 등사기나 인쇄기 등의 기구가 필요하다. 누구나 이러한 도구를 이용할 수 있는가 하는 것은, 쓰여진 책을 읽을 수 있는 능력을 얼마나 갖추고 있는가 하는 것만큼이나 중요한 것이다. 바로 이러한 점에서 미국의 '권리헌장 *American Bill of Right*'에 출판의 자유가 규정되어 있다. 본래의 목적은 토마스 페인 *Thomas Paine*과 같은 서민들이라도 그들의 주장을 발표할 권리를 보호하기 위한 것이었다. 상업적 출판을 보호하는 데 주력하게 된 것은 이후의 일이었다.

책이 아닌 다른 기록들도 그 내용을 재생해 내거나 그것을 이용하기 위하여서는 도구가 필요하다. 소리를 내고 녹음하려면 악기와 마이크로폰이 필요한 것이다. 컴퓨터의 기록 – 펀치카드, 테이프 *disk packs* 그리고 다른 여러 가지 컴퓨터 기록물들 – 을 만들어 내고 다시 그것을 읽어 내려면 컴퓨터와 타이프라

이터가 필요하다. 촬영기와 영사기들도 망원경과 현미경과 결합되어 사용되는 기본적인 도구이며 전화와 텔레비전도 정보를 전달하는 데 역시 사용된다. 기록을 만들어 내는 데는 붓과 페인트, 칼과 끌, 혹은 바늘과 실 등의 아주 간단한 것도 쓰이고 매우 다양한 도구와 재료가 필요하다.

어떠한 내용을 기록하거나 그 내용을 기록으로부터 다시 뽑아 내는 장치는, 점차로 한 에너지를 다른 종류의 에너지로 바꾸는 기계나 도구의 형태를 취하는 경향이 있다. 예를 들자면, 악기와 등사기 같은 것은 엄격히 말해서 녹음기나 타자기와 같은 커뮤니케이션 도구가 아닌 것이다. 에너지를 전환시키는 기구는 모두가 그 나름대로의 교육적 가치를 지닌다. 그것은 그 기구들이 커뮤니케이션을 쉽게 해줄 뿐만 아니라 세계의 중요한 측면을 제시해 주기 때문이다. 예를 들면, 시계는 운동과 시간과의 관계를 보여주었고, 모터는 운동과 전기와의 관계를, 망원경은 거리와 크기의 관계를 맺어 주었다. 이러한 관계 ─ 반드시 물질 세계에만 국한된 것은 아니다. ─ 의 이름들이 교육받은 사람들의 기본적 어휘를 보충해 주기도 했다.

도구, 기구와 기계들은 오늘날의 기술문명사회에 사는 사람들에게는 과거보다 별 쓸모가 없다. 전문화된 대규모 생산체제가 그들이 설 땅을 몰수해 버렸기 때문이다. 남아메리카나 아시아, 아프리카에서는 수공업자나 개인적인 기술자들을 찾아볼 수 있지만, 유럽이나 북아메리카에서는 거의 그 자취를 감추었다. 어린 아이들 뿐만 아니라 어른들까지도 누구 할 것 없이 완성될 도구를 가지고 실험하거나 시범을 보일 기회를 상실하였으며, 공장에서 완전하게 완성되어 나오는 제품의 내부를 알아 볼 수 없게 되었다. 더구나 현대적인 제품들은 그것을 분해해 보려면 못쓰게 망쳐 버리지 않을 수 없도록 만들어져 있다. 일단 고장나면 수리하는 것이 아니라 다른 것으로 교체해야 한다. 그러한 결과로 현대인은 많은 기구를 가지고 있지만, 그에 대한 이해

(理解)는 더욱 빈약해 졌다.* 도구나 기계를 감추는-혹은 도구를 가지고 접근하는 기회를 박탈하는-제품의 외부 포장이나 공장의 벽은, 국가안보나 기업의 이익을 위하여 기록이나 정보를 비밀에 붙여 두는 것과 마찬가지 결과를 초래한다. 특히 교육적인 관점에서 말이다. 결국 사람들이 자기의 이익에 맞추어서 지성적으로 행동하는 데 필요한 정보를 거부하는 것이다. 각각의 개별적인 동기는 다르다고 할지라도 이러한 모든 비밀의 뒤에 감추어진 근본 이유는 모두가 똑같은 것이다. 제조업체에서는 그들의 장비와 상품의 비밀을 고객들이 알지 못하게 감추어 버린다. 그것은 고객을 모르게 하기 위한 것이 아니라 그들보다 유리한 위치를 유지하기 위한 불가피한 조치라고 할 수도 있을 것이다. 유리한 위치를 차지하는 데 있어서 상대방의 무지는 매우 중요한 것임에 틀림없다.

이러한 비밀은 자본주의 국가에만 국한된 것은 아니다. 전문 기술자, 경영자, 그리고 특수 노동자들도 소유주와 마찬가지로 각자의 유리한 위치를 지켜 나간다. 현대적인 기술은 스스로의 이익을 지켜 나가고 있으며, 본래의 의도야 어떠했던 간에 이와 같은 현상에 대하여 책임을 져야 한다. 제인 제이콥스 *Jane Jacobs*가 그의 저서 <도시의 경제>**에서 지적했듯이, 대규모 생산체제는 그 자체가 철저하게 반(反)교육적인 의미를 갖고 있다.

대규모 생산체제가 교육적 가치를 지닌 도구·기구·기계 그리고 다른 여러 가지 제품들을 언제까지나 독점한다면, 그러한 것을 교육과목 중에 삽입하여 그에 대한 일반적인 접근방법을

---

* José Ortega y Gasset ; *Revolt of the Masses*, (New York : Norton, 1932)

** Jane Jacobs ; *The Economy of Cities*, (New York : Vintage Books, 1967)

강구하는 것이 필요하겠다. 직업학교가 이러한 접근 방법을 가르치기 위한 시도였지만, 교육비만 비싸면서 교육적인 견지에서는 고물 수집상만도 못하다. 비록 오늘날 고물 수집상도 대중에게 별 의미가 없지만, 직업학교에서 전반적인 대중의 필요를 충족시켜 주는 것은 고물 수집상만도 못한 실정이다.

장난감과 경기는 기술문명사회의 교육적인 해로움을 극복할 수 있는 잠재력을 지닌 특수한 성질의 것이다. 그것들은 실제 사물과 상황을 모방하는 것으로 경우에 따라서 좋게도, 혹은 나쁘게도 영향을 미친다. 예를 들자면, 교실에서 교통규칙 놀이를 하는 것은 위험한 상황에서 안전하게 빠져나가는 것을 모방한 것이다. 누구나 쉽게 할 수 있는 경기나 장난감들도, 쉽게 얻을 수 없는 효율성과 경제성에 대한 기술과 그 실제, 그리고 그에 대한 지적 통찰력을 길러 준다. 경기는 다음과 같은 교육적 측면을 지니고 있다. 첫째, 싫증을 느끼지 않고 여러 가지 기술을 재미있게 배울 수 있다. 둘째, 외부의 권위나 지도력이 거의 없이 동료들끼리 활동을 조직할 수 있는 기회를 제공한다. 셋째, 그것은 수학적 체제나 지적인 모델과 같이, 기본요소나 기능, 규칙에 근거한 지적인 모형이 된다. 경기에 익숙한 사람이 수학이나 과학의 근본적인 모델을 쉽게 이해할 수 있는 것이다. 물론 경기는 자연과 인간성에 대하여 과학적이고 기술적인 성격을 강조하고 있다는 비판을 받으며, 또한 경기는 서로 서로를 시합하게 하여 승자와 패자를 가린다는 비판을 받기도 한다. 그렇지만 경쟁이 일상생활을 떠나서 이루어질 수 있는가에 대해서는 수긍할 수 없다. 그리고 경기는 평등한 조건에서 이루어져서 누구나 승리의 기쁨을 맛보게 해준다. 어느 누가 1등이라는 것이 판가름 나지만, 그가 언제나 1등을 차지하는 것은 아니다.

장난감과 경기를 하는 것은 크게 보아서 교육기회를 넓혀 주는 도서관의 편에 해당한다고 하겠다. 그런데 신체적 운동경기는, 자연과 자연의 사물들이 관계되는 영역에서는 그에 대한 중요한 예외가 된다.
 자연은, 한편으로는 오염과 자연파괴에 의해서, 그리고 다른 한편으로는 뜻하지 않은 일 때문에 황폐화됨으로써, 점차 비(非)자연화되며 인간과 거리가 멀어진다. 자연 환경의 파괴와 오염의 심각성은 널리 알려져 있지만, 인간이 자연을 즐긴다는 식의 인간과 자연의 관계는 조금도 변하지 않는다. 그런데 교육적으로 보아서 환경정화 작업은 도리어 환경 오염보다도 더 나쁜 것이다. 동물들이 태어나고, 죽고, 병들고, 지저분하고, 등등의 모든 자연 사물들을 있는 그대로 보지 못하게 함으로써 무엇이 진실한 것이며, 무엇이 자연적인가를 왜곡하는 것이다. 도시의 아이들의 전형적인 생각은, 자연이란 다른 모든 것과 마찬가지로 사람이 만든 것이라고 믿는 것이다. 심지어 어른에게도 진실을 발견할 기회가 적어진다. 제트기와 고속도로 덕분에 자연에 어렵지 않게 접근할 수 있게 되었지만, 자연을 보러 간다고 해 보았자 관광용으로 개발된 관광농장과 사람에 의하여 만들어진 맹수 방목장은 감각이 무디어진 도시인에게 결코 별 감흥을 주지 못한다. 몇몇의 강과 숲, 산들이 오염되지 않고 남아 있지만 그것마저도 점차로 침범당하고 있다. 자연은 더 이상 자신을 지켜 나갈 능력이 없다. 인간에 의하여 인간의 침범이 방어되어야 하는 실정이다. 자연보존에 대한 교육적 접근은 문제를 더욱 복잡하게 만들지만, 인간생활에 대한 자연의 가장 중요한 기능은 인간을 교육시켜 준다는 것이다. 자연과 인간 사이에 적절한 경계선이 설정되고, 인간이 그 선을 넘어갈 때 무기를 버린다면 자연은 인간의 스승의 역할을 담당해 줄 것이다. 인간과 자연의 새로운 관계를 모색하는 연구가 시급히 마련되어야 할 것이다. 하여튼 아주 작은 지역에서나마 자연이 진정으로 보호된다면 그 속에서 자연이 활기를 되찾을 수 있다는 것은 놀랍고도 다행스러운 일이다.
 기록, 도구, 기구, 경기, 자연보호 및 다른 유용한 교육적 자료를 이용하는 것은 비교적 쉽게 조직화될 수 있다. 그러한 것의 논리적인 분류는 이미 완성했으며, 도서관의 기록의 보관과 그것을 이용하기 위한 정돈도 별 큰 어려움 없이 해낼 수 있겠으며, 그에 따른 목록도 쉽게 만들 수 있는 것이다. 그러나 이로써 세계 전체가 무조건 교육에 집중하는 것이 아니라 교육적 가치에 보다 큰 비중을 둔다는 것이다. 이러한 세계로 발전하는 데 장애물이 약간 있다. 첫번째 장애물이 자동차에 의한 것들이다. 도심지는 물론이고 지방에서도 보행자(특히 어린아이)들은 차도로 다니는 것이 위험하기 때문에, 거리-세계에로 통하는 물질의 통로-는 대부분의 사람들에게 제한되어 있다. 거리가 다시 보행자에게 개방된다면 도시 자체가 교육적 대상의 조직망이 될 것이며, 이전처럼 자연적 학교가 될 것이다. 두번째 장애물은, 고객이 상대하는 여러 가지 상점지역과 교육적 대상과 자료들이 감추어진 작업장 사이에 쳐져 있는 장벽이다. 이전에는 이러한 장벽이 없었다. 장인(匠人)들은 그들이 작업하는 곳에서 물건을 팔았으며 작업과정도 누구나 볼 수 있었다. 그런데 현대에는 벌써 제어의 방어선까지 구축되어 있다. 기계와 작업과정은 판매상점과 분리되어 도시 밖에 나가 있거나 그곳의 위치를 아는 사람만이 찾아올 수 있는 곳에 숨겨져 있다. 이러한 사회야말로 그에 대하여 알려고 하는 사람에게는 자료목록이 있어야 할 것이다. 그러나 자료목록조차도 구하기가 어려우며 그에 접근하는 것은 훨씬 더 어렵다. 그리고 가장 흥미로운 것이 가장 깊숙하게 숨겨진다. 예를 들어서 과학, 군사, 경제, 정치의 중요 자료들은 실험실이나 은행, 혹은 국가 서류보관소에 깊숙이 보관된다.

현대사회에서는 비밀에 붙여 두는 것이 당연하고 불가피한 것으로 보이지만, 그런 일에 필요한 비용은 너무나 크다. 예를 들면, 과학은 과거에는 전세계에 걸쳐서 연구하며 서로 정보를 자유롭게 교환하는 사람들의 조직망이었다. 초기부터-그리고 지금도 원리상으로는 조금도 변함없지만—과학의 전제조건으로 제시되었던 것 중의 하나는, 과학적 연구결과를 공개적으로 나누어 가짐으로써 보다 더 발전할 수 있다는 것이었다. 그러나 오늘날 과학적 연구 뿐만 아니라 과학자까지도 국가나 기업체에서 숨겨 가지고 있으며 심지어 국민이나 기업체의 주주까지도 그에 대하여 접근할 수 없게 통제해 버렸다. 그리고 그들에게는, 그들의 주변에 쳐져 있는 장벽이 제거됨으로써 그들에게 돌아오는 혜택보다 훨씬 더 큰 혜택을 제공하여 그들의 입을 막고 있다. 국가와 기업체에 의하여 이렇게 통제되고 있는 사회에서는, 교육적 대상이 단지 부분적으로 접근할 수밖에 없다. 그렇지만 우리가 접근할 수 있는 대상에 최대한 접근함으로써 우리의 통찰력을 키워 나가며, 나아가서는 이러한 교육적 장벽을 분쇄할 수 있을 것이다.

9. 교육인력의 재조직

● ● ● ● ● ● ●

배움은 우리들의 그림자와 같다. 우리가 가는 곳에는
항상 배움이 있기 마련이다.

－윌리엄 셰익스피어

과거에는 사물에 대한 접근이 통제되지 않았으므로 오늘날보다 많은 것을 배울 수 있었지만, 다른 사람의 도움까지 있었다면 보다 더 효과적이었을 것이다. 타자기가 있으면 누구나 타자기 치는 법을 배울 수 있지만, 그 방법은 사람마다 다를 것이다. 타자하는 기술을 보여줄 수 있는 사람이 한 사람만 있어도 이렇게 제멋대로 타자하는 일은 없을 것이다. 그리고 한 가지 방식으로 타자하는 사람이라도 여러 명-두 명 이상-있다면 서로 비교하며 서로 배울 수 있을 것이다. 결론적으로 기술 모델과 다수의 학습자 외에, 이전부터 타자를 가르치며 여러 학습자들의 학습진전도를 비교하여 타당한 결론을 갖고 있는 사람이 있다면, 이 사람을 이용함으로써 타자를 배우는 시간을 단축시킬 수 있을 것이다.

타자를 배우는 데 있어서 필수적인 자료는 물론 타자기이다. 기술 모델은 필수적인 것은 아니지만 학습시간을 단축시켜 주며, 또한 최종 성과를 향상시킨다. 같은 또래의 동료 학습자는 학습동기를 유발하고 실습할 기회를 갖는 데 특히 중요하다. 이러한 요소에 비하여 선생은 좀 떨어진다.

학교에서는 이러한 논리에 역행하고 있다. 사실상 학교에서도 타자기 없이 타자를 가르치려 들지는 않는다. 그러나 외국어를 말할 줄 아는 사람의 도움이 없이, 외국어로 함께 이야기할 상대도 없이, 학습자의 모국어로 말한다 하여도 이야길 할 주제도

없이 외국어를 가르치려는 경우가 자주 있다. 지리(地理) 교육에 있어서도 마찬가지로 학습지역의 자료나 인물들의 도움 없이 학습을 진행한다. 악기나 음악가도 없이 음악을 가르치고, 과학이나 수학을 모르는 사람이 과학이나 수학을 가르치고 있다. 더구나 선생은 기술실습에 필요한 중요 장비를 갖추고 있어야 하며 기술시범을 보여줄 수 있어야 한다는 것이 중요한데 그런 것은 주된 관심 밖의 일이다. 동료 학습자의 필요성에 대해서는 말로만 이야기될 뿐이고 실제 학습과정에서는 거의 이용하지 않고 있다.

 학교가 의도적으로 정도(正道)에서 벗어난 것은 결코 아니다. 기술을 배우고, 기술을 배우는 다른 동료와 실습하고, 다른 사람이 배우는 방법을 배우는 세 가지의 과정은 각기 다른 것으로, 어느 경우에는 상호관련을 갖고 있지만 대부분의 경우에는 거의 관계가 없는 것이다. 학교에서는 이 세 가지 학습과정을 겸비한 선생을 구하고 있지만, 거의 그러한 목적을 달성하지 못한다는 것은 충분히 이해가 간다. 거의 그러한 목적을 달성하지 못한다는 것은 충분히 이해가 간다. 세 가지를 겸비한다는 것은 한 가지 한 가지보다 훨씬 드문 것이다. 그런데 이렇게 어렵게 겸비한 교사를 구해도, 그들이 그들의 고유한 능력을 발휘하도록 해주지는 않는다. 아무리 경험이 풍부한 교사라도, 교육이나 학습과는 상관없는 제반 업무수행은 물론이고, 기술 모델이나 학생들의 실습조교의 노릇을 해야 한다. 선생의 가장 어렵고도 희귀한 기술은 학습상의 어려운 점을 분석하고 진단하는 능력인데, 이는 여러 가지 상황 속에서 학습이 이루어지는 것을 관찰함으로써 얻어지는 기술이다. 이러한 기술은 선생의 역할에 해당하는 제반기능의 수행과정중에 복합적으로 이용되어야 한다. 그런데 대부분의 학교행정가들은, 어려운 전반적 기술을 가진 노련한 선생들이 그들의 특수한 역할을 수행하는 데 대하여 반대한다. 이렇게 함으로써 학교는 풍부한 학습자원을 획득하고도 그것을 도리어 감추어 희귀하게 만든다. 즉 학교는 학습자원을 축적하여 보관하고 있을 뿐이다.
　즉, 학교에서 수행하는 일이란 교육자원을 조직하는 데 있어 단지 훌륭한 모델을 제공하는 데 그치고 있다. 그 모델이 학교에서 제공되기보다는 반대로 이용되어야 할 것이다. 교육자원은 각기 독자적으로 관리되어야 하며 그에 부여되는 우선순위도 학교에서의 우선순위와는 사실상 반대로 짜여져야 할 것이다.
　첫째로는 기록되어 있는 정보를 이용하고, 이 기록들을 생산하고 해석하는 도구를 이용하고, 정보가 있는 다른 여러 가지 대상을 이용할 수 있도록 한다는 데 중점을 두어야 한다. 둘째의 우선순위는 기술 모델의 이용가능성과 더불어 기술시범을 보일 수 있는 기술 모델이 확보되어야 한다는 데 주어져야겠다. 학습을 실제로 같이 할 수 있는 같은 또래의 동료 학습자가 있어야 한다는 데 세번째의 우선순위를 부여해야 할 것이다. 마지막 네번째로는, 경험이 풍부하여 보다 중요한 교육자원을 쉽게 이용할 줄 아는 교육자가 있어야 한다는 것을 지적해야겠다. 다른 교육자원들이 적절히 평가되고 이용된다면, 교육자가 가장 중요하게 보일 수도 있을 것이다. 그러나 교육자가 학교에 소속하게 되면, 그들이 교육자이기 때문이 아니라 학교에서 그들의 판단을 타락시킬 권력을 부여하기 때문에, 교육자들은 매우 옳지 못한 일을 저지르게 될 것이 확실하다.
　기술 모델은 교육자와 두 가지 점에서 다르다. 첫째, 기술 모델은 그들이 교육자원으로 이용되는 것에 개개인이 동의하여야 한다. 둘째, 기술 모델은 적응성이 매우 풍부하며 다른 장점들을 가지고 있어 교육자원으로서 중요한 기여를 한다. 현대의 기술문명 시대에는 기술 모델들이 가진 기술이 한 두 가지 기록으로 설명될 수도 있기 때문에 엄격히 말해서 기술 모델이 필요치 않다고 할 수도 있지만, 그래도 기술 모델이 편리하다. 인간 모델이 적응성을 가진다는 장점은 스텐포드 *Stanford* 대학에서 실시한 컴퓨터에 의한 교육 실험에서 최근에 증명되었다.* 컴퓨터는 1학년 아이들에게 읽기 교육과 산수 교육을 시키도록 조작되었다. 어린이들이 예상외의 반응이나 장난을 치는 경우에 대비하여 학생 뒤에 선생이 지켜 서 있는 동안은 컴퓨터가 잘 작동되었다. 이러한 장난의 대부분은 컴퓨터를 조작하는 키 keys 밑에다 연필을 집어넣거나 하는 따위인 데 이러한 것만으로도 컴퓨터는 제대로 작동할 수가 없음은 물론이다. 물론 컴퓨터는, 예상하지 않았던 반응을 처리할 수 있도록 다시 조작되곤 했다. 그러나 컴퓨터 교육을 시작한지 3년이 다 돼 가자 컴퓨터 프로그래머가 아이들의 예상치 못했던 행동들을 처리해 낼 수가 없게 되었다. 컴퓨터가 다른 컴퓨터를 교육시킬 수는 있지만, 사람은 잠시라 할지라도, 오직 사람에 의하여서만 제대로 교육될 수 있다.

  기술 모델은 풍부하게 공급된다. 어디에서나 특별한 기술을 배우려고 하는 사람에 비하여 그 기술을 보유하고 있는 사람들이 항상 더 많다. 이에 대해 주된 예외를 든다면, 새로운 기술이 발명되거나 다른 지역에서 수입되었을 경우가 되겠다. 이러한 경우에는 기술 모델이 급속히 증가하여 기술 모델을 요구하는 수요를 충족시키게 된다. 단지 학교나 그와 유사한 독점적 기관들이 기술 모델을 희귀하게 만드는 것이다. 즉 학교에서는 교원 조합에 가입하지 않은 기술 모델의 채용을 금하고 있다. 나치스 통치의 독일에서 탈출한 세계적인 음악가들도 미국의 학교에서 음악을 가르치는 것이 허용되지 않았다. 기술이 심각하게 부족하더라도 노동조합이나 직업 조합에서 허가 없이 기술을 사용하는 것을 금하고 있다. 미국에서는 만성적으로 간호사가 부족한데, 그 주요 원인은 간호 학교에서 교육과정을 계속

---

* 본 저자는 1966년에 이 실험을 직접 관찰하였으며, 컴퓨터에 의하여 교육받은 아이들을 따라 다니며 참가하였고, 컴퓨터 프로그래머와 연구진과 대화를 가졌었다.

확대시켰으므로 간호사가 되어 보다 나은 수입을 얻고자 했던 지망생들은 학비를 조달할 수가 없었기 때문이다. 어떤 기술에 종사하는 것을 제한하는 규정들은 직업적 기준에서 그리고 공중의 보호를 위한다는 관점에서 정당화되고 있다. 이러한 주장은 때때로 옳기도 하지만, 대부분은 그릇된 것이다. 가장 좋은 기술 모델은 이제 막 기술을 배운 사람들이다. 아이들은 형이나 언니한테서 종종 우스울 정도로 쉽게 읽는 법을 배운다. 한때 조셉 랑카스터 *Joseph Lancaster*가 상급생들이 하급생들을 가르치는 제도를 도입했을 때, 영국의 학교제도는 정말로 경제적이었다. 이 제도는 어느 때의 학교제도보다도 잘 운영되었으며, 비용도 적게 들었다. 그러나 이 제도도 다른 학교제도와 마찬가지로, 학생들 스스로가 모델, 과목, 수업 시간 및 장소를 선택하도록 허용하지 않았다는 중요한 결점을 가지고 있었다.*

기술 모델을 이용하는 것은, 학습자의 입장에서도 모델 선정의 폭을 넓게 가질 수 있어야 하고 모델도 역시 학습자를 받아들이거나 거부할 여유가 있도록 조직되어야 한다. 이렇게 되려면 우선 제한 조건이 없어야 하며 그 다음에 모든 종류의 모델에 대한 지침이 마련되어야 한다. 특히 어떠한 제한 규정도 없어야 할 것이다. 학생과 모델간의 관계는 남용과 위험이 따를 수도 있지만, 다른 모든 인간관계가 그렇듯이 일반 법규와 관습들이 그러한 관계를 매우 잘 지켜 준다. 학습 그 자체만으로는 위험을 야기시키지 않는다. 학습자에게 그가 배울 모델을 선택

---

* 이러한 교육 원리에 반대하는 독자들에게는 다음과 같은 사실을 지적하고 싶다. 거의 모든 교육자들이, 학생들이 배워야 하는 가장 중요한 것은 학습하는 방법이라고 말로만 떠들고 있다는 점이다. 물론 학생들은 옆에서 조언하거나 감독하는 선생의 도움을 받는 것도 좋을 것이다. 그러나 학습 과정에서 근본적인 결정을 내리지 않고는 정말로 학습하는 방법을 배울 수 없다. 그리고 학생들이 이러한 것을 너무 일찍 배우게 되지 않는가 하는 것은 기우에 불과하다. 물론 무조건적인 자유가 언제라도 가능하고 바람직하다는 것은 결코 아니다.

하도록 허용하는 과정에서 얻을 수 있는 장점은, 일반적으로 이러한 과정에서 파생되는 위험을 감안해도 매우 가치 있는 것이다. 이러한 위험 중에 가장 중요한 것은 배워야 할 것을 배우지 않고 빠뜨리고 넘어가는 것이다.

  기술 모델의 지침을 마련하는 것은 사실상 그리 어려운 일이 아니다. 그리고 진실로 유용하고 포괄적인 지침서를 만들기 위해서는 많은 투자를 할 만한 가치가 있다. 그러한 지침서의 개발과 관리는 공공 사업으로 이루어져야 한다. 자기의 기술의 증거를 제시하고자 하는 사람은 누구나 등록할 수 있도록 자유가 보장되어야 한다. 그렇지만 이러한 방식을 원하지 않는 사람은 그들 나름의 가능한 방법으로 자기가 준비한 것을 발표할 수 있는 자유도 보장되어야 한다.

  기술을 배웠으면 그것을 같이 실습할 사람이 필요하다. 물론 동료 학습자는 실습하기 이전부터 중요한 존재이다. 기술을 익혀 새로운 영역을 같이 탐구하는 동료가 없다면, 기술을 배우려 하는 사람은 거의 없을 것이다. 기술은 대체로 일반적인 환경에서 기술 모델의 도움을 받아 동료들과 어울려서 함께 배우게 된다.

  종종 동료와 기술 모델을 구별하기 어려운 경우가 있다. 일상적인 대인관계에서는 동료와 기술 모델을 구분할 필요도 없고, 구분해서 유리한 점도 없다. 오히려 그러한 구분이 없는 곳에서 학습은 가장 잘 이루어진다. 그러나 동료와 기술 모델 사이에는 그들을 구분하지 않으려는 경우에 한해서만 드러나지 않는 중요한 차이점이 있다. 동료는 그 어의(語義)에 나타나듯이 그 관계에서 서로 이익을 얻는 동등한 존재이다. 그들은 함께 테니스를 친다거나, 함께 수학을 공부하거나, 소풍을 간다거나 할 수 있는 사이이다. 그들은 서로 상대방의 목적에 기여할 수 있다. 그러나 어린 동생들의 학습을 도와주는 것은 앞서 말한 것과 다르다.

동생의 학습을 돕는 것도 당분간은 재미있지만 곧 싫증을 느끼게 된다. 동료 관계는 자유롭게 선택되고 자유롭게 유지된다. 이에 비하여, 기술 모델은 학습자가 원하여 학습자와 모델의 관계가 유지되는 한, 모델에게는 어떠한 형태로든 그에 대한 보수가 제공되어야 한다. 결국 동료관계에는 보수가 필요없지만, 기술 모델에게는 보수가 필요한 것이다.

  동료를 구하는 것은, 단지 동료가 어디에 사는지 알거나, 동료가 사는 곳에 가거나, 편지를 쓰거나, 혹은 전화를 걸기만 하면 된다. 어린 아이들에게는 쉽게 만날 수 있는 이웃이 필요하다. 하지만 기술이 발달함에 따라, 즉 훌륭한 구기 선수가 되려면 상대자를 구하러 멀리까지 돌아다녀야 하며, 식물학에 깊이 파고들면 동네의 친구들과 상대가 안되고, 발레에 몰두하게 되면 그러한 사람들이 드물다는 것을 알게 된다.

  오늘날의 상황에서는 학교가 이웃의 기능을 보충해 주지만, 학교는 동료 집단에 좋은 기회만 제공하는 것이 아니라 그만큼 장애물도 가져다준다. 학교에서의 동료 집단은, 선생의 목적에 따라서 혹은 문제아 dope-pusher의 흥미에 따라서 생겨난다. 교육에 관심을 두고서 학생들이 주도하는 집단들이 서로 경쟁한다는 것은 거의 불가능하다. 그러나 10대의 학생들에게 있어서 이웃은 이미 그들과 관심을 같이 하여 접촉할 상대가 못된다. 이웃이 동료 집단으로서 역할을 해준다면 자동차나 전화가 거의 없어도 되겠다.

  어른이 되면 그들의 관심은 대단히 전문화되어, 큰 도시라고 해도 그 속에서 진정한 동료를 구하기가 어렵다. 이러한 좋은 예를 든다면, 진정한 동료 연구자를 만나려면 세계적인 모임에 참석해야 하는 학술단체의 실정을 지적할 수 있다. 또한 학술단체를 통하여 어떻게 동료 관계가 형성되며 단절되는가 하는 과정도 볼 수 있다.

  과학의 논리적인 체계는 유사한 관심을 가진 사람들을 확인하여 접할 수 있는 기구를 제공한다. 그리고 학술 잡지는 그들의 커뮤니케이션의 수단이 된다. 정연한 논리나 기준에 맞추어진 증거를 이용함으로써 그들의 교류는 효과적인 결과를 얻는다. 이로써 얻어지는 성과는 다시 새로운 문제를 불러일으키며, 그에 대하여 관심을 가진 사람이면 누구나 그에 참가하게 된다. 그러나 과학의 이러한 장점-동료 집단 형성의 이상적인 표본이라고 할 장점-들은 오늘날에는 제도적인 장벽에 의하여 못 쓰게 되어 버렸다. 누가, 언제, 어디서, 어떻게, 누구에게, 어떠한 관점에서 이야기할 것인가 아닌가 하는 모든 것이 국가나 기업체의 이해(利害)에 관련시켜서 결정된다. 효과적인 동료 집단을 형성했던 학술 단체는 그 모형만이 남아서, 그러한 집단을 형성하려는 다른 단체에 교육을 주는 정도에 그친다.

    동료들 간에 커뮤니케이션을 촉진시키는 과학의 장점이 있듯이 마찬가지로 커뮤니케이션을 파괴시키는 힘도 내재했던 것이다. 과학이 가지는 현대의 논리적인 구조는 1세기 전만 해도 존재하지 않았다. 오늘날의 학술 잡지나 논리의 규칙 혹은 증거의 기준 등도 없었다. 2세기 전부터 이미 초기적인 활동이 있었지만, 그것은 제대로 발전하지 못하고 단지 미약한 전조였을 뿐이다.

    다행히 다른 단체들은 과학 학술단체의 전철을 밟지 않아도 된다. 과학 학술단체의 결과를 거울삼아 지름길을 찾을 수 있다. 오늘날에는 컴퓨터를 이용하여 공통된 관심을 가진 사람은 원하는대로 서로 만날 수 있다. 이웃이나 도시, 국가 혹은 전세계에서라도 공통된 관심을 가진 동료를 찾아낼 수 있다. 꼭 컴퓨터가 있어야 하는 것은 아니다. 마을 내에서는 게시판이 그 기능을 수행할 수 있으며, 도시 내에서는 신문이, 나라안에서는 국내 잡지가 세계적으로는 국제적인 잡지가 기능을 수행한다. 이러한 모든 수단이 동료를 찾는 데 이용된다. 다만 컴퓨터를 이용하므로써 보다 쉽게 그리고 포괄적으로 목적을 달성할 수 있다.

동료를 얻는 과정은 간단하다. 원하는 사람이 그가 공동으로 하고자 하는 작업의 내용을 기록하고 거기에 이름과 주소를 기입하여 제출하면 된다. 그러면 컴퓨터는 그와 유사한 내용을 원하는 사람들의 명단과 주소를 그에게 보내 준다. 이 제도를 이용하면 그의 잠재적인 동료를 확인할 수 있게 된다.
 이러한 동료 결합 제도가 악용되면 그 결과는 뻔하다. 크게는 정부기관에서 국민들을 통제하기 위하여 완벽한 자료를 갖출 수도 있으며, 적게는 변태성욕자가 게시판에 공고된 내용을 악용할 우려도 있다. 모델-학생의 관계에서와 같이 접촉이 빈번해질수록 이러한 위험도 증가된다. 그러나 위험은 접촉을 악용하는 데서 파생되는 것이지, 결코 교육적인 목적 때문에 생기는 것은 아니다. 감시 제도를 마련한다면 안전을 보장할 수도 있겠지만, 감시자를 또 감시할 사람은 누구인가 하는 문제를 야기시킨다. 결국 커뮤니케이션 매체를 이용하는 사람들에게 그 이용 과정에서 파생될 수 있는 위험성을 알려주고 그러한 위험에 대처할 수 있는 방법을 제시해 주는 것이 단기적으로는 가장 좋은 방법이다. 장기적으로 보아서는, 정의로운 사회에로의 진보-인간의 행동 동기를 개조함으로써 달성할 수 있는 진보-만이 안전하고 자유로운 세계를 건설할 수 있다.
 학생들이 기술 모델을 구하는 경우와 같이, 공공 사업으로서 동료를 구하는 것을 도와줄 수 있다. 이것은 교육적인 관점에서 뿐만 아니라 집회의 자유를 보장한다는 점에서도 타당한 것이다. 집회의 자유를 보다 확대시켜서, 가기 싫은 학교에 할 수 없이 가는 등의 비자발적인 집회를 강요하지 못하도록 적용되어야 한다. 출판의 자유와 집회의 자유가 정말로 보장되고 그러한 자유를 행사하는 데 필요한 수단을 누구나 이용할 수 있게 된다면, 의무교육과 군복무 등의 일반적인 현행 의무는 필요 없게 될 것이다.
 학교제도가 교육자원과 기술 모델 그리고 동료 집단에 의하여 대체됨에 따라서 교육자가 추방되기보다는 더욱 필요하게 될 것이다. 이 교육자들은 오늘날의 학교에서 그들이 모두 똑같은 종류의 기능을 수행하는 것도 아니다. 학교 운영과 교육 및 학식의 방면에 정말로 유능한 사람들은 더욱 필요하게 되며, 교육적 성과와 직업적 자유 보장, 소득의 형태로 제공되는 보수도 증가될 것이다. 그 반면에 교사를 채용·감독·해고하는 업무를 담당하던 사람들이나 학부모에 대한 공보 활동, 교과과정 채택, 교과서 구입, 운동장 및 학교 시설 유지, 학교간의 운동 시합 감독을 담당하던 교사에 대한 수요는 감소할 것이다. 육아(育兒), 교재 작성, 각종 기록 유지 등을 담당하는 선생들에 대한 수요도 감소하여, 그들의 기술을 다른 목적에 알맞게 전환하든가 아니면 학교를 떠나 다른 직업을 택하여야 할 것이다. 이러한 주장은 결코 교사와 학교 행정가를 무시한 결과가 아니다. 그들이 학생들을 견딜 수 없는 상태로 몰고 갔듯이, 그와 마찬가지로 학교가 그들을 몰아내는 것이다.

적어도 다음 세 가지 유형의 교육자가 꼭 필요하게 될 것이다. 첫째로, 간단히 언급했듯이, 교육자원망(資源網)의 설계자와 관리자가 필요하며, 둘째, 개인적인 교육계획을 수립하고 교육적인 어려움을 진단하고 그 대책을 수립할 수 있는 교육자, 셋째, 각 학업 분야의 지도자이다.

교육자원망은 원칙적으로 간단한 것이며, 간단하게 운영되어야만 효율적이다. 간단하다는 것이 하나의 장점인 것이다. 자신이 옳지 못한 방향을 걷고 있으면서도 다른 사람에게 유용한 서비스를 제공한다는 것은 불가능하다.

새로운 교육자원망의 설계자는 그가 살고 있는 사회와 사람 그리고 지식을 완전히 이해하고서 작업에 착수해야 한다. 개인을 존중하고 학생을 위주로 하는 교육의 이념을 구현하는 데 전념하여야 한다. 그리고 관련 정보의 유통을 저해하는 장애물을 파악하여, 역효과를 유발시키지 않으면서, 이 장애물을 제거하는 방법도 알아야 한다. 그들은, 특히 학생들에게 새롭고 위험스러울 가능성이 있는 학문 탐구의 문을 개방하지 말라는 은근한 명령을 거부할 줄 알아야 한다.

선생은 학교가 생기기 이전에는 대단히 존경받았으며, 오늘날의 학교제도가 강요하는 것—교실에 출석하여 정해진 교과과목을 배워야 한다는 것—으로부터 해방되어 그들 본래의 임무에 충실할 때는 다시 존경받게 될 것이다. 독립적으로 이루어지는 교육에서 핵심이 되는 사람은 교육학자 pedagogue이다. 이 단어는 지금은 좋지 못한 의미로 통용되고 있지만, 학생·부모·선생들 스스로가 책임이 무거운 결정—책임질 수 있는—을 내려야 할 때가 되면 그 진정한 의미가 되살아 날 것이다. 그때가 되면, 그들이 교육계획을 선택하고 기술 모델을 선정하고, 동료들을 구해야 하고, 지도자를 찾는 과정에서 그들의 도움이 필요하다는 것을 알게 될 것이다. 교육자원 조직망의 관리자는 학생들의 의견과 가치를 존중하고 자기의 의견을 개입시켜서는 안 되지만, 교육학자는 자기의 의견과 가치를 억제할 필요가 없다. 그에게 도움을 청하는 고객들은 자유로운 사람이므로, 교육학자는 자기 나름의 가치판단을 해도 무방한 것이다. 그가 그의 고객에게 영향을 미치는 것은 그의 조언을 받아들이라고 설득하는 방법밖에 없으니 말이다. 물론 고객들은 그의 조언에 대하여 책임질 것을 요구하므로, 그는 설득력만이 아니라 올바른 판단도 겸비해야 한다. 교육학자들이 환자를 다루는 것은 아니지만, 유능한 교육학자라면 옛날 가족 주치의가 받았던 정도의 보수를 받을 것이며, 유명해진다면 오늘날의 전문 의사들이 받는 많은 보수도 받을 것이다. 물론 시험을 치르거나 교육의 문제점을 해결하는 교육 병리학 등 전문적인 분야도 개발될 것이지만, 학교교육이 저지른 병폐가 회복됨에 따라 그 수요가 감소하게 될 것이다. 결국 신생의 교육학자 직업은, 현대 의학이 겪듯이, 과도한 전문화가 이루어질 것이다. 그러나 과도한 전문화가 이루어 질 때에 그들은 사회에 기여를 할 수 있는 것이다.

교육 지도자의 역할은 교육자원 조직망의 관리자나 교육학자의 역할보다도 더 미묘한 것이다. 우선, 지도 leadership라는 단어 자체의 정의가 어렵기 때문이다. 월터 바죠트 Walter Bagehot가 지도자란 "사람들이 어느 한 방향으로 나가기로 결정할 때 선두에 나서는 사람"이라고 정의했는데, 이보다 진전된 정의는 아직 없다.* 그러나 이 정의는, 어떤 이유 때문에 앞에 나서는 사람이라는 의미밖에 다른 의미를 제시하지 못한다.

지도력 leadership이란 교육과 마찬가지로 지적 추구에만 국한된 것이 아니다. 지도력은 사람들이 한 가지 일을 함께 수행할 경우에-특히 그 과정에서 일이 잘 진전되지 않을 경우에-나타난다. 일반적으로 이런 경우에 진정한 지도력은 가공(架空)의 세계에서나 높게 평가되는 개인적인 자질보다는 당면한 과제에 대하여 잘 알고 있는 지식을 근거로 해서 나타난다. 그러나 지도력을 검사할 타당한 방법도 없으며, 그와 똑같은 경험이 있는 것도 아니다. 토마스 쿤 Thomas Kuhn이 그의 저서 <과학 이론 혁명의 구조>에서 지적했듯이, 물리학 같이 정밀한 학문 분야에 있어서 아무리 탁월한 물리학자라도 근본적으로 틀린 경우가 있다는 사실이 여러 번 판명되었다.** 그럼에도 불구하고 지도력을 대체할 만한 것이 없으며, 지도자는 학생이 도움을 청하는 중요한 교육자원으로서의 위치를 지키고 있다. 지도자는 물론 그들의 중요성을 강조하며 이에 따라 학생과 지도자를 연결시켜 주는 체계적인 방법이 마련되어야 한다. 실제에 있어서는 기술 모델과 학습 지도자 사이에 흐릿하나마 맥락이 있다. 그들은 모두 학습 과목에 대하여 전문가라는 특수한 위치

---

* Walter Bagehot ; *Physics and Politics*

** Thomas Kuhn ; *The Structure of Scientific Revolutions*, (Chicago : University of Chicago Press, 1962)

에 있다. 등산가가 물리학자를 대신할 수 없고 그 반대도 역시 마찬가지다. 학생들이 원하는 기술 모델을 찾도록 만들어진 지침서 directory나 다른 행정 수단들은 학습 지도자를 찾는 데도 이용될 수 있다. 그런데 지도자는 실제로 만나서 자신의 주장을 펴고, 조건을 제시하고, 실습해 보이고 함으로써 자기 자신을 나타낸다. 교육자원 조직망도 잠재적인 지도자를 발굴하는 데 도움이 될 것이지만, 상품의 진정한 가치는 실제로 확인한 연후에야 판단되는 것이다.

 교육자원의 개념을 확장해서 해석한다면 교육자원이라고 할 수 있는 사람들이 더 있다. 사실상 이러한 사람들은 앞에서 언급한 어느 교육자원보다도 중요하다. 아버지, 어머니, 형제, 애인 뿐만 아니라 다른 모든 사람들이 여기에 포함될 것이다. 그러나 이들은 근본적으로 성격이 다르기 때문에 교육자원으로서 취급할 수는 없다. 가족 관계, 애인 관계, 그리고 정치 경제 관계는 그들의 주된 목적이 교육에 있는 것이 아니므로 교육자원으로 포함시킬 수 없겠다. 그러나 이 모든 것은 교육에 매우 큰 비중을 차지하고 있으며, 비록 특정 교육 목적에 이용되지 않는다 하더라도 이 모든 사항을 무시해서는 안된다. 예를 들자면, 한 사람이 원만한 인간관계를 유지하지 못한다면 교육을 받을 수도 없고 교육을 할 수도 없을 것이다. 그렇다면 가장 근본적인 교육자원은 모든 사람들이 다른 사람들과 원만한 관계를 유지하는 세계라고 할 수도 있을 것이다. 역설적으로 들릴지 모르지만 보편적인 교육 자체가 바로 이러한 세계를 파악하는 주요 수단이라고도 하겠다.

 교육자원으로서의 인간을 여러 가지 양상으로 구분하는 것은 단지 경제적이고 행정적인 관점에서나 그 의미를 가진다는 점을 다시 한번 강조해야겠다. 한 사람이 여기 아니면 다른 범주에 속한다고 간주하는 것은 틀린 것이다. 그러나 경제적인 이유에서라면 이러한 구분은 중요하다. 교육적 자원은 분류하는 방식에 따라 그 자원이 풍부할 것인가, 혹은 비쌀 것인가, 쌀 것인가 여부가 결정된다. 또한 이러한 것은, 교육과 다른 특권들이 소수의 전용물로 그대로 남아 있을 것인가, 혹은 모든 사람에게 정의롭게 베풀어질 것인가를 결정한다.

10. 보편적 교육의 재정문제

○ ○ ○ ○ ○ ○ ○

한 가지 제도가 재정 문제를 해결한다면 그것은 그 제도를 확립한 것과 마찬가지이다.

—더글러스 대법원장

정의로운 세계-혹은 정의를 구현하려는 세계-에서는, 공공기금에 의한 교육비 지원은 학생들의 부(富)에 반비례해서 이루어져야 한다. 부유한 학생들만 교육을 위하여 자기의 돈을 지출할 수 있다. 그러므로 한 학생에게 쓰이는 총 교육비가 평등해지려면, 교육을 위한 공공기금이 가난한 학생들에게 많이 제공되어야 한다. 그러나 이렇게 한다고 해서 교육의 기회가 평등해지는 것은 아니다. 왜냐하면 부유한 학생들의 부모와 가정 그 자체도 다른 방법으로 상쇄되어야 할 일종의 교육 투자적인 것이기 때문이다. 결국 가난한 자들은, 주어진 상황에서 언제까지나 묵묵히 순종하도록 고안된 미신과 신화-즉, 침묵의 문화 *the culture of silence*-가 부과하는 제약을 받게 된다. 가난한 집의 자녀들이 교육에 있어서 불리한 것은, 유전적으로 열등하기 때문이 아니라, 바로 이러한 데서 연유된다. 그리고 이러한 사실 때문에 학교에서 열등생이 되고 무시당하는 처벌을 피할 수 없는 운명이다. 그들에게 본래부터 내재하는 것도 아니고 그들 자신이 저지른 것도 아닌 이러한 불리한 조건을 보상하려면 가난한 사람들의 교육에 추가적인 교육비 지원이 이루어져야 한다. 교육에 할당된 모든 기금을 가난한 사람들에게만 사용한다고 하더라도, 그들에게 부과된 불리한 점을 완전히 극복하려면 여러 세대가 경과해야 할 것이다.

상·하의 사회 계층간 교육기회를 평등하게 하려면, 우선 학교체제 외부의 교육자원을 제공하여야 함은 명백하다. 가난한 학생들에게 교육기금을 제공하려면, 학교에서 그러한 학생을 따로 분리해 내거나 아니면 그들에게 직접 돈을 주는 방법밖에 없다. 가난한 학생들을 분리해 내는 첫번째 방법이 시도되었지만 완전히 실패하고 말았다.

1954년에 미국 연방 대법원에서 내린 반격리 결정 *anti-segregation decision*은 "격리하여 평등한 교육을 시킨다"는 원칙이 현실적으로 실효를 거두지 못한다는 판단에 의거한 것이었다. 어느 나라에서건 특권층의 자녀에게 양적으로나 질적으로 더 나은 교육이 주어지기 마련이다.

교육자원의 재정적 결정권을 학생들의 손에 넘겨준다고 해서 교육자원의 분배문제가 해결되는 것은 아니지만, 문제의 해결을 위해서는 필연적으로 거쳐야 할 단계이다. 계급간의 기회를 평등하게 하는 문제 뿐만 아니라 앞에서 논의된 여러 가지 문제들이 이 원칙―고객, 즉 학생들이 결정을 내린다는―에 의하여 해결될 수 있을 것이다. 교육을 받으려는 고객들의 만족 여부에 따라서 학교가 설립되고, 조정되고 혹은 문을 닫기도 한다. 다른 교육제도들도 고객들의 필요를 충족시킬 수 있는 정도에 따라 발전될 것이다. 학생들은, 다른 직업을 가지고 공부할 것인가 혹은 공부에만 전념할 것인가, 그리고 어떠한 기술을 배우고, 언제, 어떻게 그들의 교육자원을 이용할 것인가 등등을 선택하고 결정할 것이다.

이상과 같이 되기 위해서는 다음과 같은 평생교육자금제도가 마련되어야 할 것이다. 즉 자녀가 어릴 때부터 부모가 관리하기 시작하여, 예금이 계속적으로 축적되며, 또한 자녀들은 그에 대해서 어릴 때부터 반대의 뜻을 반영시킬 수 있어야 한다.

아담 스미스가 가정했던 완전경쟁의 세계에서는 이러한 방법으로 모든 문제를 해결할 수 있을 것이다. 그러나 실제로는 교육에 필요한 자원의 공급·분배가 불완전하고, 더구나 어떤 자원이 필요하며 어디서 그것을 구할 수 있는가를 잘 알 수 없다. 이런 식으로 잘 모르는 상황은 교육을 받으려는 사람에게만 국한된 것이 아니다. 소위 교육자원의 공급자라는 사람들도 교육을 받으려는 사람들이 어디에 있고, 그들이 무엇을 원하는가를 잘 알지 못하고 있다. 결국, 공짜로 무엇을 얻으려는 사람들과 이윤을 얻고 물건을 팔려는 사람들의 대립이라는 불완전성에 의하여 생겨나는 해묵은 문제인 것이다. 따라서 만약에 사람들에게 완전경쟁과 완전한 정보가 주어져 있다면, 사람들이 돈에 의해 농락당하는 문제는 해결될 것이다. 그러나 현실에 있어서는 완전경쟁도 완전한 정보도 가질 수 없기 때문에 악은 완전히 제거될 수 없을 것이다.

개인적인 교육자금제도와 앞의 8장~9장에서 언급한 공적인 교육사업제도는 상호 보완적으로 작용할 수 있을 것이다. 이 두 가지 제도는 여러 가지 방법으로 결합될 수 있을 것이다. 그 한 가지 방법은 공적인 교육사업제도를 체신업무와 같은 방식으로 독립시키고, 그 제도의 이용자들이 제공받는 서비스의 비용을 교육자금에서 지불하게 하는 것이다. 또 한 가지 다른 방법은 교육자원을 완전히 무료로 제공받는 방법이다. 이 방법을 채택하려면 교육기금을 둘로 분리하여, 하나는 공적인 교육사업제도를 지원하고 또 다른 하나는 개인적인 교육보험제도를 지원해야 할 것이다.

이상의 두 가지 방법 이외에도, 일부의 사람에게는 무료로 교육을 실시하고 다른 사람에게는 교육비를 받는다거나 연령이나 수입 혹은 다른 기준에 의거해서 차등적으로 교육비를 받는 등 다양한 방법으로 결합시킬 수 있을 것이다. 가능한 결합 방법은 매우 많으므로 모두 자세하게 논의할 수는 없지만, 몇 가지는 언급할 가치가 있다고 생각한다. 예를 들면 교육자원 조직망은 기술 모델, 교육 대상물, 동료 학습자 등이 어디에 있는가를 찾을 수 있는 지침서는 제공해 줄 수 있지만, 그것을 이용하는 데 경제적인 도움이 되지는 못한다. 지침서에 소개된 책을 사던가 빌리던가 혹은 기술 모델에게 돈을 지불할 것인가 혹은 개인 보험에서 돈을 염출할 것인가는 학습자가 해결할 문제로 남아 있다. 또 다른 방법으로, 교육자원을 보관하는 도서관이나 다른 장소가 누구에게나 무료로 제공되면서, 읽기나 산수를 가르치는 선생은 그것을 가르치는 대가를 공공기금에서 받을 수도 있을 것이다.

　이러한 방법들은 조세수입과 개인 교육자금 그리고 교육자원 조직망에 의하여 마련된 교육기금을 이용하는 방법에 중심을 둔 것이다. 그밖에도 다른 방식으로 재정이 마련될 수 있을 것이다.

　교육은행이 설립되면 교육서비스를 저축하거나 차용할 수도 있을 것이다. 예를 들면 기술 모델이 교육서비스를 제공하고서 돈으로 보수를 받지 않고 장래에 그들의 자녀나 혹은 자신을 위하여 교육서비스를 저축해 놓을 수 있다. 학생은 교육서비스를 저축해 두려는 기술 모델의 서비스를 차용할 수도 있다. 그에 대하여 현금으로 지불할 수도 있지만, 다음에 또 다른 사람에게 기술 모델로서의 서비스를 제공하는 방법도 가능하다.

　그러나 교육은행은, 활동에 별 제한을 받지 않으며 자금을 빌려준다는 우월한 입장의 일반은행과 경쟁되는 것은 아니다. 교육은행을 지원하거나, 교육자원망의 무상 서비스를 지원하거나 혹은 그런 조직망의 설립을 지원하는, 이러한 정부의 지원이 교육 보조금을 형성한다. 물론 교육세의 이용, 그 자체가 벌써 일종의 교육 보조금이다. 그러나 교육세에 의한 기금이 전적으로 교육자금을 지원하는 데만 투입된다면, 분야별로 선택해서 제공하는 보조금 제도는 불가능해진다. 오늘날에는 그렇지 않다. 국민학교보다도 대학원 교육이 보다 장려되고 있으며, 과학이 다른 분야에 비하여 더 장려되고 있다. 한편 보조금은 공공 분야에서만 국한되어 제공되는 것은 아니다. 독점 기업체들은 그들의 사원이나 다른 사람들의 교육비를 부담할 수도 있다. 왜냐하면 그 비용만큼 더 벌어들이도록 상품 가격을 높이 책정하면 되기 때문이다. 정부는 훨씬 더 폭넓은 능력을 발휘할 수 있다. 군대도 자금을 사용하거나 정보를 처리하여 매우 많은 사람을 훈련시키거나 교육시킬 수 있다. 매스 미디어는 생산 기업체의 광고주문에 매수되어 시키는 대로 복종하며 생산업체는 그들이 대중에게 선전한 비용까지도 다시 대중에게 부담시킨다. 교육 보조금은 공공기금에서 직접 부담하기도 하지만, 일부는 법률이 허가하는 데 따라 기업체에서 모금된다. 하여튼 이러한 모든 것은 정책이 허용하는 데 따라서 결정된다.

모든 공공기금이 개인의 교육자금으로 제공되고 교육자원 조직망을 포함한 모든 교육제도가 자급 경제 체제를 갖추도록 한다면 그러한 교육정책이야말로 대중의 의견을 가장 잘 반영할 수 있을 것이다. 오늘날의 교육비 지출 수준에서는, 미국 국민 누구에게나 매년 1인당 250달러의 교육비가 제공되는 셈이다. 이 정도의 금액이 제공된다면, 국민학교에서 대학원까지의 모든 학생들이 수업료의 거의 전부를 개인적으로 부담해야 하는 형편이다. 겉으로 보기에는 국민학교조차도 다니기가 어려울 것 같다. 그러나 그 정도의 금액이라면,, 아래와 같이 달리 분배할 수도 있다. 즉 새로 태어난 아기에게는 그의 평생 교육자금에 충당하도록 17,000달러의 교육자금을 제공하며, 20세의 사람에게는 12,000달러, 40세의 사람에게는 7,000달러, 60세의 사람에게는 2,000달러가 할당될 수 있다. 이러한 금액은 미국 국민의 교육을 위하여 국민으로부터 세금의 형태로 징수되는 총액을 평균 내어 할당한 것이다.* 이 정도 금액이면 누구나 대략 대

---

* 1971년에 모든 수준의 교육비 지원에 50억 달러를 책정한 것에 근거했다. 2억의 인구를 대상으로, 교육기간을 60년으로 산정했다.
Projection of Educational Statistics, U.S. Government Printing Office OE−10030−68.

학교육까지 받을 수 있다. 오늘날 소수의 사람들만이 대학교육을 받고 있다는 사실은 교육비 분배체제가 극히 불평등하다는 것을 말해 준다. 실제로 교육기금이 평등하게 분배된다면 현재 평균 이상의 교육을 받는 사람은 심각한 타격을 받을 것이다. 그러나 그 중에서 몇몇 소수를 제외하고 개인적으로 추가되는 학비를 부담할 수 있는 부유한 학생들이다. 그 대신에 가난한 학생들은 오늘날 받고 있는 교육비의 5배를 받을 수 있다. 평균적으로 보아서 15세까지는 오늘날과 같은 정도의 지원을 받을 것이지만, 앞으로도 지금까지 받은 것의 4배 이상의 교육자금이 남아 있는 것이다. 가난한 학생들에게 매우 불리하게 편성되어 있는 오늘날의 학교제도가 개선된다면, 그들은 대학 수준까지는 제대로 교육받을 수 있을 것이다.

    오늘날 훨씬 더 많은 교육비를 지출하는 사람들에게는 어떠한 영향을 미치게 되는가? 오늘날 중산층의 자녀들은 21살 정도면 그들이 할당받은 교육자금이 모자라게 되는데, 그렇다면 그들은 매년 할당받는 자금만 가지고 공부하느라고 그들의 학업에 장애를 받게 되지는 않을까? 최소한 다음 세 가지 상황에서 볼 때 그렇지 않다. 첫째, 그의 가정에서 부족한 금액을 보충해 줄 수 있다. 오늘날 미국에서 교육에 개인적으로 투자하는 금액은, 공식 지출의 1/4, 그리고 총지출에 대해서는 1/5밖에 차지하지 않는다. 둘째, 꼭 학교에 가지 않더라도 그보다 싼 비용으로 교육받을 수 있다. 셋째, 그의 총 교육자금을 초과해서 교육비를 차용할 수도 있다. 상황이 허락한다면 교육비를 차용하는 방법도 매우 좋다. 학생의 가정이 여유는 있지만 교육에 투자하기를 꺼린다면 교육 투자의 실패에 대비할 수 있는 방법도 있을 것이다. 그리고 학생의 가정이 가난하지만 그가 공부하는 분야에서 성공할 전망이 밝다고 인정되면 공공기금에 의한 추가지원을 받을 수도 있다.

    자기에게 할당된 교육자금을 다 쓰지 않은 사람에게는 어떻게 되는가? 그가 조세부담자라면 그만큼 세금이 경감될 것이다. 아니면 다음해에 할당되는 교육자금으로 이월될 것이다. 혹은 가족 내의 다른 사람에게 넘겨줄 수도 있다. 이러한 제도가 시행된다면 사람들은 그들에게 제공되는 것을 어떻게 이용할 것인가를 어렵지 않게 익히게 된다. 이로써 교육도 효율적으로 이루어지며 당사자 그리고 사회에도 이득이 된다. 자기 자신을 위해서 열성인 사람은 교육자원을 약삭빠르게 확보해 나갈 것이다. 일단 교육자원이 널리 소개되면, 그 교육자원을 팔고 사는 교육자원의 시장도 성립할 것이다. 오늘날에는 중년이나 노년의 사람들이 자신의 교육에 대해서는 소극적이지만, 그렇게 되면 활발하게 나서서 자신의 교육 뿐만 아니라 사회적인 일에 보다 깊은 관심을 가지고 임할 것이다.

교육자금은 실제로 어떻게 사용될까? 학교에는 무슨 변화가 일어날까? 교육과정에서 중간 이득을 보며 기생하는 사람들은 근절될 수 있을까? 이에 대한 답은 주로 앞에서 언급한 교육자원 조직망이 어떻게 발전하느냐에 달려 있다. 이 조직망이 성립된다면 여기서 제공하는 서비스의 대가로 유지한다 할지라도, 우선 이 조직망이 성립되려면 이를 위한 자본투자가 무엇보다 중요하다. 이 조직망이 잘 설계되고 그대로 운영된다면 학습자, 특히 자녀들이 곧 이 조직망을 이용할 학부모들이 주로 투자하게 될 것이다.

잠시 동안 학교가 이용될 것이다. 그것도 학교에서 제공하는 '보호적 기능'에 의존하고 있는 학부모와, 학교에 완전히 의존해 있는 학생들에 의한 것이다. 그러나 오늘날과 같은 수준의 기능을 수행하지는 못한다. 학교에 다니는 학생들에게 제공되는 교육자금은 오늘날 학교에서 제공받는 교육기금의 $1/3$도 채 못되기 때문이다. 그러므로 몇몇 소수의 학교나 존립할 것이다. 즉 자녀들의 막대한 학비를 부담할 수 있는 부모들이 모여 사는 부유한 도심지에 위치한 학교나 유지해 나갈 수 있다. 그러나 얼마 안 가서 대부분의 사람들은, 학교보다 재미있게 시간을 보내고 효율적으로 공부할 수 있는 방법이 있다는 것을 알게 된다.

사기꾼과 중간에 기생하는 부당 이득자들이 잠시 동안 떠들어댈지도 모른다. 그러나 조직망이 적절한 기능을 발휘하면, 그들은 규제에 의해서가 아니라 정직한 교육자원 공급자의 기술 모델 - 이들은 학부모와 학생들에게 조언을 하는 교육학자의 도움을 받게 된다.-과의 경쟁에 의해서 곧 저지받고 만다. 이런 방식으로 올바른 사람에 의해 제한된다면 그것으로 충분하며, 그러한 방식이 해로운 결과를 가져오기 이전에 사기꾼과 같은 존재들이 추방당하고 만다.

오늘날 학교를 운영하는 자금보다 적은 교육비만 있으면, 막대한 교육자원 조직망을 유지하고 또 한편에서는 오늘날 고용된 선생보다도 더 많은 숫자의 기술 모델, 교육학자, 그리고 교육 지도자들을 지원할 수 있다. 그리고도 그들은 일부분의 시간에만 시간제로 기술 모델이나 교육 지도자로 근무하면 충분하고 나머지 시간은 본연의 목적을 위해 나름의 연구를 할 여유도 가질 수 있으며 교육학자는 교육의 카운슬러로서 수천의 고객에게 1년에 두 시간 정도의 상담을 제공할 수도 있다.

그렇다면 이런 주장이 모두 재정 문제를 마술적으로 조작한 것에 불과한가? 천만의 말씀이다. 크게 보아서 학교의 '보호적 기능'에 대한 비용이 개인에게 주어진 결과이다. 보호가 필요하지 않은 - 일도 충분히 할 수 있는 - 사람들에게 구태여 '보호적 기능'을 수행하고 있는 것이 오늘날의 실정이다.

재정적인 마술을 부린 것이 아니기 때문에, 학교가 없어지면, 두 가지의 중요한 사회적 문제가 대두되는 것도 부인할 수 없다. 어린 아이들이 돌보아져야 하며 성숙한 학생들은 그들 나름대로 부업을 가져야 한다. 성숙한 학생들 중의 일부는 어린 학생들을 보살피는 데 적합할 수 있다. 어린 아이들을 돌보는 데 적합하지 않은 학생들은, 체육이나 음악 등의 어린 학생들이 원하는 기술을 가르쳐 주는 데 적합할 수도 있다. 또 다른 아이들은 한 일에 오랫동안 취업하는 것이 아니라, 며칠씩 운동장을 만든다거나 거리나 숲을 정리한다는 등의 일을 얻을 수도 있다. 혹은 어린 아이들이 안전하게 놀 수 있는 장소를 마련할 수도 있다.

성숙한 학생들이 꼭 어린 학생들을 돌보아야 하는 것은 물론 아니다. 그들보다 나이 많은 사람들도 도울 수 있으며, 그들의 취미나 재능에 따라서 시간제로 그들을 대리해 줄 수도 있다. 10대의 학생들이라면 일을 해야 하는 반면에 틀에 박힌 생활에서 벗어날 수 있다. 매우 많은 사회 및 생태학적 조사는 이들에 의하여 이루어 질 수 있으며, 수많은 예술적 작업-도시 미화 작업에서부터 연극이나 축제를 베푸는 것 등에 이르기까지 여러 가지의 작업을 포함시켜서-을 통하여 어른들을 도울 수도 있다.

이 모든 계획-성숙한 학생들이 일을 하고 어린 학생들을 보살핀다는 원칙에 의거한 계획-의 핵심은, 건전한 삶을 창조한다는 혹은 다시 회복한다는 점이다. 여기에 대해서, 특히 어린 이들을 돌보는 데 대해서는 별다른 이견(異見)이 없다. 문제가 되는 것은 그 과정에 수반되는 난관을 극복하고, 그를 위한 전문 직원을 두고, 재정을 마련하는 것이다. 그러나 학교를 해체함에 따라 상당한 자금과 유능한 사람들을 활용할 수 있다.

학교를 해체하는 데서 시작한다면, 여기서 나오는 자금과 인재들을 어디로 돌릴 것인가? 앞에서 제의한 원칙에 따라서 교육을 위한 공공기금은 학교가 아니라 학생, 선생, 조세부담자 혹은 사업자에게로 방향을 돌려야 한다.

오늘날 공공기금이 학생들의 손을 거쳐서 학교로 전해지듯이, 학생에게 제공된 교육자금도 그와 비슷하게 쓰여질 것이다. 학생에게 다른 선택의 여지가 없기 때문에, 학교가 학생들을 현혹시키기 때문에, 학교가 필요한 것을 제공하기 때문에 — 이러한 이유에서 — 학생들은 학교에 그들의 교육자금을 갖다 바칠 수도 있다. 이러한 모든 가능한 결과를 고려하더라도, 학생들에게 교육자금을 직접 제공한다면 학교에 돌아가는 교육자금은 꾸준히 감소하게 된다.

아마도 학생들은 학교를 거치지 않고 직접 선생에게 교육비를 제공하려고 할 것이며, 그밖에도 학교가 희생되고 선생이 이득을 보는 경우가 또 있을 수 있다. 학교의 권한이 축소됨에 따라 선생들에게는 유리한 결과를 가져온다. 예를 들자면, 출석을 강요하거나 교과과목을 지정할 수 없다면, 가정교사로부터 교육을 받고 시험에 합격하여 자격을 획득할 것이다. 물론 선생들은 자기의 수입을 늘리기 위해서 학교에 나가는 것이 아니라 가정교사에 치중할 것이다. 이러한 것을 학교규칙으로 막아야 할 필요도 없으며, 막을 수도 없다.

교육기금을 조세부담자에게도 쓰여지도록 하려면 단순히 교육비를 축소시켜 세금 부담을 줄여 주는 것도 한 가지 방법이 될 수 있다. 또 다른 방법은 어린 아이들에게만 실시하던 교육을 어른에게도 실시하도록 바꾸는 것도 된다. 학부모보다는 조세부담자들이 더 많으므로 어른에게 제공되는 교육의 조세부담자 위주로 혜택이 분배된다. 물론 조세부담자라고 해서 다른 사람보다 얼마나 더 많은 교육 혜택을 받지는 않지만, 훌륭한 교육적 부산물을 가져다 줄 것이다. 조세부담자들은 그들이 부담한 돈에 대하여 가능한 최대한의 권리를 주장할 것이며, 다른 사람의 결정보다는 자기가 선택한 교육을 받으려 할 것이다.

교육비를 학교에서부터 기업인에게 나눠주는 ㅜ방법도 여러 가지가 있다. 교육회계 *educational accounts*도 한 가지 방법이 되며, 대행(代行)계약 *performance contracts*도 한 가지 방법이 되겠다. 이 계약은 근래에 학교와 기업인 사이에 체결되고 있다. 즉 기업체에서 학생들에게 기술을 가르치고 대가를 받는다

-어느 정도의 수준까지 가르치지 못하면 대가를 받지 못한다는 조건으로. 또 교육을 담당하는 주체를 사람에서 기업제품-책이나 컴퓨터 등-으로 바꾸는 것도 역시 또 다른 방법이다.

교육에 대하여 자유주의적 견해를 가진 사람들이 전세부담자나 기업가와 연합하기를 거부하는 것은 이해가 간다. 예를 들자면, 학술회의 어떤 회원은 다음과 같이 주장한다. 즉 매스 미디어, 특히 텔레비전은 학교보다 더 큰 영향을 교육에 미치고 있으며, 학교를 약화시키는 것은 사람들의 마음속에 기업 이익을 강화시켜 주는 결과를 초래한다. 심지어 갈브레이스도, 학술회의 주된 목적은 새로운 산업사회의 함정으로부터 빠져나오는 것이라고 주장했다. 그러나 이를 뒷받침해 주는 증거가 없다. 중요한 논제-전쟁·오염·착취·민족 차별주의-에 대하여 학술회가 독자적으로 내세울 만한 입장을 가지고 있는 것도 아니다. 물론 다른 기관과 마찬가지로 학교나 대학에도 유식하고 용기있는 사람들이 있다. 그러나 그들은 대학이나 학교기관에서 실질적인 지원을 받지 못한다. 학교기관에서 환영받지 못하는 이단자들을 보호하는 예외적인 경우도 있지만, 학교기관에서는 그들의 입을 틀어막아 버린다. 그런데 무엇보다도 학교기관이 나쁜 이유는, 학교기관이 외부로부터 지지를 얻기 위해서는 어떠한 기관과 어떠한 목적으로라도 서슴지 않고 계약을 맺고 연합한다는 점이다.

그러나 이러한 사실로, 학교를 뿌리치고 텔레비전을 위시한 매스 미디어에게로 접근하는 것은, 늑대를 피하려고 호랑이 굴에 들어가는 것과 같다는 주장을 반박하지는 못한다. 그러나 우리가 민중을 믿고 자유를 믿는다면 우리는 역사에서 한 걸음 앞으로 나갔음이 틀림없다. 텔레비전을 보도록 강요되는 사람은 아무도 없으며, 텔레비전 속에서 누가 왜 그러한 이야기를 하는지는 누구나 알 수 있다. 인간은 항상 배우려고 하지는 않는다 하더라도, 기회가 주어지면 배우기 마련이다. 역사 속에서 신은 인간과 도박을 해 왔지만, 자주 인간에게 패했던 것이다. 이러한 도박이 없이는 인간이 인간으로서 존립할 수 없다.

교육에 대한 자유주의자들이 조세부담자나 기업인들과 연합하기를 거부한다면 점차로 비대해 가는 교육 관료제-반면에 효율성은 점차로 감소한다.-에 굴복하는 수밖에 없다. 그러나 한편에 이 성스럽지 못한 연합에 의하여 진정한 교육이 가능하다면, 이 연합 자체가 경제의 지배라는 위험을 감소시켜 줄 것이다. 어떠한 정책의 수립과 실천과정에서 이해(利害)가 관련되지 않은 사람에 의해 그 정책이 결정되고 추진되어야만, 그 정책에 의하여 부과되는 부담이 공정하게 분배된다. 조세부담자, 기업가 그리고 교육 평등주의자 중에서 어느 누구도, 그들 모두에게 영향을 미치는 결정을 내리지 못하도록 한다면, 그들은 안심하고 연합할 수 있다.

그러나 교육자원이 경쟁적인 수요·공급에 의하여 분배되면 훌륭한 교육이 이루어진다고 결론짓는다면, 그것은 잘못된 생각이다. 모든 사람이 교육받은 연후라면 그러한 결론을 내릴 수도 있겠지만, 우리는 지금 그러한 목표에 접근하는 방법을 찾고 있는 것이다. 현재 상태에서 출발하려면 교육기관 중에 일부는 보호되고 장려되어야 한다.

이제 가장 중요한 작업은 학부모와 고용주들이 자녀와 근로자의 교육에 대한 책임감을 다시 갖도록 만드는 일이다. 분별 있는 사람이면 누구나, 진정한 교육은 주로 가정과 직장에서 이루어진다는 것은 안다. 그러나 여러 가지의 사회적 현상들이 그러한 관념을 파괴해 버렸다. 현대사회조직은 자유로운 교육을 실시하므로써 학부모와 고용주의 교육 책임의 짐을 덜어 주었다. 그밖에도 기업은 생산비 절감을 통하여 이윤을 남겼으며, 학교는 부모들을 도와주었다. 이와 비슷하게, 현대의 가정에서 추구하는 과시 소비는 자랑할 것이 없는 집에 서로 쉽게 자랑할 것도 마련해 주었다. 즉 특별히 학문적 혈통이 아니라면, 공부 잘하는 아들보다는 번쩍이는 승용차를 자랑하는 것이 쉽다.
 생산자와 가정 사이에서 이런 식으로 심하게 일어나는 경제적 경쟁은 그 자체가 특정한 법적 구조의 산물이다. 그 법적 구조가 변혁될 때까지는, 교육과정이 가장 합리적이고 경제적으로 이루어질 수 있는 상황-가정에서 그리고 직업에서 진정한 교육이 가능하다.-으로 교육을 회복하려면 일종의 보조금이 필요하다.
 효율적인 교육이 대규모로 이루어졌던 다른 영역은 예술분야이다. 생산기능을 현대 기술문명이 인계하기 이전에는 모든 생산이 예술분야에서 이루어졌다. 우리가 오늘날 미술이라고 부르는 그림, 조각, 건축 등도 다른 기술의 분야에 속했었으며, 장인의 밑에 들어가서 일하며 다른 관련 예술들을 배우는 과정을 거쳤다.
 이런 학습방식은 산업화의 초기단계에 무너졌다. 그러나 산업노동의 필요성이 급속도로 감소하고 있으므로 여러 가지 예술을 배우고, 가르치고, 실행하는 사람들에게 현대 기술문명의 생산품에 영향을 미칠 수 있도록 함으로써, 그러한 학습방식이 다시 확립될 수 있다. 인간과 기계 사이의 무제한적인 경쟁은 결코 자연적인 현상이 아니다. 더구나 기계는 현대사회에 알맞도록 정교하게 설계되어 있는 존재이다. 그럼에도 불구하고 이러한 경쟁은 끊임없이 시도되어 왔으며, 대부분의 국가들은 실패하였다. 한편 현대국가는 이것을 원상 복구시키려면 역시 매우 어려울 것이다. 그러나 예술이 교육적 기능을 회복하려면 달리 도리가 없는 것도 사실이다. 인간의 손과 발, 눈과 귀, 마음과 입을 사용하는 기본적인 기술을 익히려면 예술로 되돌아가야 한다.
 현대를 살아가려면 전통적인 교육방법을 부활시킬 뿐만 아니라, 앞에서 고찰한 새로운 것도 필요하다. 교육자원의 조직망, 기술 모델과 동료 학습자 혹은 교육 지도자 등의 도움을 받을 수 있는 교육 지침이 있다. 교육 조직망의 운영을 담당하는 공익사업은 설립할 때에도 약간의 투자만 이루어지면 가능하고, 일단 설립되고 나면 독립 운영이 가능하다. 그러나 실험이나 검사 등의 기능을 수행하려면 공공기금에 의하여 지원이 이루어져야 할 것이다. 사회의 다른 구조도 변혁되지 않는 한, 학교제도는 폐지될 수 없으며 교육도 모든 사람에 유용하게 이루어질 수 없다. 즉 국가간의 계급간의 개인간의 경쟁체제는 협동체제로 바뀌어져야 한다.

이것은 개인이나 집단이 소비하고 생산하고 혹은 남에게 영향을 미칠 수 있는 한계-오늘날 수많은 사람이나 집단이 이 한계를 침범하고 있다.-를 실질적으로 설정해야 한다는 것을 의미한다. 그러한 한계를 존중하려면 개인이나 집단의 진정한 이익과 가능성이 과연 무엇인가에 대한 내면적 통찰이 이루어져야 한다. 그보다 더 나아가서 보다 영속적인 것을 위하여 눈 앞의 덧없는 이익을 희생할 줄 알아야 한다. 이는 인류가 관심을 두지 않았던 행동 양식이다. 이는 파국의 공포가 느껴져야만 관심을 갖고 배우게 될 것이다. 파국을 불러들이는 계획은 우리에게 필요 없지만, 파국을 모면하기 위한 계획은 꼭 필요한 것이다.

11. 교육의 혁명적 역할

∙∙∙∙∙∙∙

　지배자에 의해서 수행되는 교육을 받느니보다는 차라리 교육을 받지 않는 편이 낫다. 왜냐하면 지배자가 제공하는 교육이란 멍에를 짊어지게 하는 훈련에 불과하며, 사냥개를 길들이는 데 불과하기 때문이다. 이러한 교육은 인간 본능에서 강한 충동을 제거하고 자기가 잡은 먹이에 입을 대기 이전에 우선 그의 지배자의 발 아래 그 먹이를 갖다 바치게 만든다.

―토마스 하킨스, 1823

사회의 전반적인 변혁 없이는 학교교육을 대체할 수 있는 효율적인 대안이 마련될 수 없다. 그렇지만 사회의 다른 부분에서의 변화로 교육에서의 변혁이 이루어지기를 기다려도 소용없는 것이다. 그 대안이 계획되고 추진되지 않고서는 어떠한 상황에서도 학교교육의 변혁이 일어난다는 보장은 없다. 교육의 변혁이 없이는 다른 어떤 변화도 일시적인 현상에 그치기 쉽다. 반면에, 교육적인 변화는 그 변화 과정에서 다른 근본적인 사회적 변화를 가져온다.
　진정한 교육은 사회의 근본적인 힘이 된다. 오늘날과 같은 사회구조는, 비록 소수만을 교육시킨다 하더라도, 교육받은 사람에 의해서 붕괴되고야 말 것이다. 여기서는 학교교육 이상의 다른 것이 중요하다. 사람들은 사회를 받아들이도록 학교에서 교육되지만, 그들이 배우는 것은 사회를 창조하거나 혹은 다시 새로운 사회를 건설해야 한다는 것이다.
　교육은 이러한 의미를 갖고 있으며, 깊이 있게 교육받고 인간성이 풍부한 사람들은 교육의 그러한 의미를 받아들였다. 브라질의 교육자 파울로 프레이리 *Paulo Freire*는 교육을 다음과 같이 가장 잘 규정했다. 그의 정의에 의하면, 교육은 자신의 실존재 *reality*에 유효한 행위를 하도록 유도하여 자신의 실존재를 정확하게 깨닫게 하는 것이다.* 교육받은 사람은 그의 세계를 효율적으로 처리할 수 있을 만큼 그의 세계를 잘 파악한다. 교육받은 사람들이 숫적으로 충분히 존재한다면, 그들은 자신의 세계의 불합리한 점들을 그대로 내버려두지 않는다.

실존재를 이해라고 그것을 효율적으로 처리할 줄 아는 사람들이 실제로 존재한다. 오늘날 그들은 소수만이 존재하는데 그들의 대부분은 자신의 이익을 위해서 세상을 운영하는 데 열중하고 있다. 만일 어떤 사회에서 그렇게 교육받은 사람들의 비율이 2%가 아닌 20%, 또는 3%가 아닌 30%가 된다면, 그 사회는 소수에 의하여 그리고 소수의 이익을 위해서 운영될 수 없고, 일반대중의 복지를 위해서 운영되지 않을 수 없을 것이다. 위대한 지도력이라는 것도, 지도력을 발휘할 수 있는 사람들이 소수가 아니라 다수가 된다면 그 의미가 없어진다. 고대 아테네, 초기 로마, 뉴잉글랜드 개척 당시의 미국처럼 상당한 비율의 민중이 교육받은 사람일 때는 - 자신의 실존재에 효율적인 행위를 할만큼 충분히 그들의 실존재를 이해하고 있다는 의미에서 - 그들의 사회는 진실로 민주적인 사회이다.

오늘날 존재하고 있는 민족국가는 교육받은 민중에 의하여 해체되고야 말 것이다. 교육받은 시민들로 구성된 민족은 다른 민족과 합체(合體)하는 경향이 있다. 이러한 것은 물론 일반적인 민족국가 내에서 일어나기 시작할 수 있다. 지리적인 국경선이 변화되어야 할 필요는 없다. 이민과 관세제한 규정만 충분히 완화되면 정치적인 국경은 의미가 없어지는 것이다.

---

* Paulo Freire ; *Cultural Action ; A Dialectic Analysis*, (published at Cuernavaca, Mexico : CIDOC Cuaderno 1004, 1970)

Paulo Freire : "The Adult Literacy Process as Cultural Action for Freedom", *Harvard Educational Review*, 40 : 2, May 1970, pp. 205~25.

Paulo Freire ; "Cultural Action and Conscientization", *Harvard Educational Review*, 40 : 3, August 1970, pp. 452~78.

교육받은 사회에서는 계급적 특성이, 역사 속에서 종종 볼 수 있듯이, 소멸하는 경향이다. 이것은 가치기준의 개인적인 차이나 특권이 사라진다는 의미는 아니다. 변화하는 사회에서는 과거에 존재했던 불평등이 평등화되어 가는 것과 마찬가지로 새로운 불평등이 생겨난다. 그러나 끊임없는 유동성 때문에 파생되는 개인적 차이점들을, 계급이나 인종, 기타 다른 계층-사회적으로 동질성을 갖는-과 동일시하기는 어렵다. 교육받은 사회는, 많은 독립적인 가치기준에 기초를 둔 매우 느슨한 계층 질서를 갖고 있기 때문에, 고도로 다원화되어 있다. 부유한 사람도 있고 권력을 가진 사람, 인기 좋은 사람, 사랑 받는 사람, 존경받는 사람, 또 힘센 사람도 있다. 그러나 장기간에 걸쳐 이러한 장점을 갖는 사람은 별로 없다.

교육받은 민중은 그들의 국가도 만들 수 있을 뿐만 아니라, 고객과 노동자들의 필요와 욕망에 따라-경영인들의 필요와 욕망에 따르기보다는-그를 충족시켜 주는 전문적 제도도 만들 수 있다. 소수라도 그 규모가 짜여진 소수라면, 그들은 부당한 의료 및 교육 시설, 환경오염, 군벌과 자본가들로 얽힌 파벌에 의한 정책통제, 또는 광고주에 의한 매스미디어의 통제를 보고는 참지 못할 것이다. 더구나 현대사회를 괴롭히는 교통난, 빈민가, 그리고 많은 부조리들은 더욱 용납할 수 없을 것이다.

교육에 불가사의한 마술이 포함되어 있는 것은 아니다. 교육받은 민중이라도 그들이 현재 당면하고 있는 사회구조 속에서는 이러한 문제를 직접 해결할 수 없다. 다만 그들이 할 수 있고 또 하고자 하는 것은 불합리한 구조를 똑바로 인식하고 변혁해 보자는 것이다. 예를 들면, 경쟁적인 소비는 잠시 동안에 걸쳐 일부 소수들에 국한해서만 가능했던 생활 방식이라는 사실을 알고 있다. 일단 이러한 사실이 파악된다면, 현대의 대규모 생산과 고용의 대부분은 불필요할 뿐만 아니라 사실상 해로운 것이라고 생각되는 것은 당연하다. 물론 전쟁 물자 같은 경우는 해로움이 명백하게 드러나지만, 학교교육, 겉치례에 불과 한 내구 소비재(耐久消費材), 광고, 기업체나 정부의 호화로운 회식(會食), 기타 많은 생산품과 활동 등도 거의 다를 바 없는 것들이다.

이러한 문제에 관하여 무엇인가 조치를 취하는 데 있어서, 한 가지 어려운 점은, 많은 특권층 사람들의 현 생활 방식이 사회의 현 상황과 직결되어 있다는 점이다. 따라서 교육만으로는 이 문제를 해결할 수 없다. 민중들이 교육을 받음으로써, 현 사회가 기초하고 있는 기반이 무엇인가를 알게 된다. 또 실현 가능한 대안을 떠오르게 해 준다.-비록 그 대안을 실현하기 위해서는 아직 다른 어떤 것이 더 필요하지만-. 물론 교육만으로는 혁명적인 사회변혁을 가져올 수 없다는 것을 부인하는 것은 아니다. 그러나 진정한 교육과 학교교육조차도 구별하지 못하는 사람들의 사고보다는 훨씬 더 앞으로 나아갈 수 있는 가능성이 있다.

학교교육에서는, 교육이란 학생들이 알려고 하는 것을 배울 수 있게 하는 것이라고 간주한다. 이러한 의미에서 보면 민중이 지식과 교육에 봉쇄되어 있다고 생각하는 것은 곤란하다. 그러나 그들이 봉쇄되어 있는 것은 명백하다. 대부분의 사람들은 소작인이나 노동자로서 혹사당하며, 지주에 대하여 빚을 짊어지고 있으며, 자기들이 팔고 사는 물건의 값도 부당하게 결정된다. 그들은 불행을 어쩔 수 없이 감수하고, 배움의 기회와 정보의 박탈 뿐만 아니라 그들의 생활이 고의적으로 왜곡되어도 속수무책이다. 마법사, 성직자, 정치인, 그리고 지식인들-그들에게 도리어 해결책을 제시해야 할-은 민중이 그들의 실존재를 깨닫지 못하는 상태로 머물러 있도록 경쟁하듯이 전력을 기울인다. 그들의 희생자인 민중들이 그로부터 벗어나려고 몸부림치는 불행을 그들은 도리어 왜곡하고 있다.-민중들의 불행은 워낙 심하고 헤어날 수 없는 상태이기 때문에 그것을 참고 견디도록 어느 정도 의식화되어야 하고 기만될 필요가 있다.
 이러한 민중들을 위한 교육이란 독서에 의한다기 보다는, 그들의 비참한 상황을 이해하고 그 상황에 대하여 무엇인가 중요한 조치를 강구하도록 교육하는 것이다. 물론 이러한 교육은 독서를 통하여서도 이루어질 수 있지만 그 독서는 다른 요소를 포함하고 있어야 한다. 그러한 다른 요소를 포함하지 못하고 있다면, 단지 책을 읽을 수 있다는 능력 그 자체로서는 아무런 가치가 없다. 이러한 환경에서 몇몇 학생들이 독서하는 것을 배우고 그 사회로부터 도망쳐 버렸다고 가정해 보자. 이런 경우에 그들은 그곳에 남아서 많은 아이들을 기르고 있는 민중들에게는 아무런 의미도 없다.
 그들의 운명을 근본적으로 개선하기 위하여서는 그들로부터 유보되고 감추어진 것을 생생하게 알아야 할 필요성이 있다. 파울로 프레이리는 브라질의 농부들과 함께 일하는 과정에서, 그들이 그들의 실제 상황에서 진실된 의미를 갖는 말들을 매우 쉽게 읽을 줄 알게 되는 것을 발견했다.* 프레이리의 동조자, 즉 농부들은 읽을 수 있게 되자 즉시 단체를 조직했고 그들은 그 단체를 통하여 그들의 고용주와 협상하려고 했다. 그들이 그 지역의 법과 관습을 잘 지키려 했지만, 그들의 고용주, 정부당국, 그리고 교회는 이에 대항하여 공동으로 억압하였다. 그들의 지도자들은 고용주로부터 해고당했으며, 정부에 의하여 투옥되었으며, 교회에서는 성례를 거부당했다. ─ 최소한 청교도 전도사들이 태도를 바꾸어 그들을 옹호하기 전까지는.
 프레이리는 라틴아메리카의 농촌문화를 '침묵의 문화 the culture of silence'라고 부른다. 이것이 의미하는 말은 다음과 같다. 즉 시골 대중들은 그들과 가장 밀접한 문제에 대하여 진실한 말을 금지당해서, 이러한 문제에 대하여 말하고 심지어는

---

* 앞 주에 나오는 책들을 참고하라.

생각하는 것조차도 잊어버렸다.-다만 그들의 높으신 분들께서 그럴듯하게 머리 속에 집어넣어 준 신학적 언어를 제외하고는, 프레이리식 표현에 의하면 그들은 '말'을 상실했다. 여기서 말이란 용어는 성경의 첫머리에 나오는 문구-"태초에 말씀이 있었으니 그 말씀은 하느님과 함께 있었으며 그 말씀이 곧 하느님이었다."-속의 말씀과도 같은 의미이다. 침묵의 문화 속에 사는 사람들이 잃어버린 것은 그들의 신이 준 권리로서, 세상 만물에 이름을 붙이고 그렇게 함으로써 대상을 이해하고 통제해 나갈 수 있는 고유의 권리이다. 어떻게 해서 이러한 말이 모든 사람에게서 잊혀졌나 이해하기 위해서는 이 계급의 기원인 노예제도를 생각해 보면 된다. 노예들은 노래하고 재잘거리는 것은 허락되었지만, 그들이 처한 상황이나 그들을 억압하고 있는 사회에 대하여 진지하게 이야기할 수는 없었다. 여러 세대에 걸쳐서 노예의 후예들은 그러한 문제에 대하여 언급할 수 없었다. 도리어 순진한 아이들의 언급을 부모들이 억압할 뿐이었다. 이것을 보면 어떻게 '말'이 노예들과 그의 후손들에게서 상실되었는가를 알 수 있다.

라틴아메리카의 농부들과 도시 근로자들에게 영향을 미치는 종교를 파헤쳐 보면, 대중들이 말을 잃어버린 상태에서 왜 빠져 나오지 못하고 있는가 하는 의문이 풀린다. 농촌지역에 퍼져 있는 종교는 카톨릭교이지만, 대부분의 경우 그것은 명목상으로만 기독교일 뿐이다. 실제에 있어서 그것은 토착적인 주술신앙과 기독교의 내용, 그리고 여러 지역에 퍼져 있는 미신을 복합해서 그 위에 민간의 종교 문화를 도금한 것에 불과하다.* 이러한 복합적인 것이 수행하는 사회적인 기능 또한 결과적으로, 분해할 수 없는 복합적인 효과를 가져온다. 이것은 반(反)사회적인

---

* 이러한 예를 보려면 다음 책을 보라.

Jacques Monast ; *L'Univers Religieux des Aymaras de Bolive*, (Cuernavaca, Mexico : CIDOC, Sondeos No. 10, 1966)

충동을 예방하고 억제하며, 이러한 통제가 실패할 때는 질서를 재확립하여 출생, 죽음, 결혼 그 외 개인 생활의 길흉사(吉凶事)에 의미 체계를 부여한다. 한편 이는 사회적 관점에서 보다 중요한 기능을 수행한다. 종교가 부유층에 의한 토지 소유를 합리화시켜 주며, 하층민의 희생 위에 향유되는 특수 계층의 특권을 묵인하고 합리화시켜 주며, 종교, 정치, 경제 및 가족 생활에 있어서 그들의 상징적인 역할과 그들의 뻔뻔스런 자선을 찬양한다. 그리고 농민들에게는 현세의 고통에 대한 보상으로 내세의 안락한 생활을 제시하여 위로하며, 그들의 현재의 고통을 신의 뜻으로 돌리어 미덕으로서 받아들일 것을 가르친다.

  물론 라틴아메리카에도 이와 같은 부류의 카톨릭과 대립되는 방향의 성직자들도 있으며, 이들은 농민들을 도와주고 지도하며 지도층을 공격하여 정의구현에 앞장서기도 한다. 이들 성직자들은 살해되기도 하고, 미치광이로 몰려 정신병원에 감금되기도 했으며, 그보다도 파문당하는 경우가 더 많았다. 때때로는 그들의 활동이 그들과 의견을 같이하는 주교(主敎)들에 의해 지지를 받고 환영받는 경우도 있다.

  라틴아메리카의 농민들이 도시로 이주하여 도시 노동자가 되었을 때, 그들 대부분은 여러 가지의 정통파적 개신교로 개종했다. 카톨릭 계통의 고용주도 신교로 개종한 노동자들을 더 좋아했으며 그들을 우선적으로 고용했다. 왜냐하면 그들은 보다 온건하고 가족과 아내에게 충실하며, 아이들의 교육이나 재산의 획득, 그리고 개인적 출세에 열중하는 경향이 있었기 때문이다. 그들의 행동은 개신교와 산업화에 대한 막스 베버의 가설을 완전히 입증해 주는 것이었다. 개인에게 인내를 강조하는 카톨릭—명목상으로나마—은 라틴아메리카의 농촌에서는 아주 잘 어울렸지만, 에이레의 농촌이나 북부 스페인의 카톨릭과는 정면으로 대립하는 것으로, 상파울로, 부에노스 아이레스, 멕시코시(市) 그리고 산업화가 뒤늦은 기타의 지역에는 적합하지 않았다. 라틴아메리카의 도시 카톨릭은 노동권과 고용주의 의무, 그리고 산업사회의 일반적인 정의를 강조하고 있었으므로 더욱 적합하지 않았다. 도시 고용주의 입장에서는 진부한 신교의 교리도 현대의 카톨릭보다 나을 것이 없었다. 그리고 노동자들도 대부분이 고용주의 종파를 따랐다.

노동자들이 그들 자신의 이익보다 고용주의 이익에 부합되는 교리를 따른다는 것은 이상하게 보인다. 그것은, 고용주들이 이러한 교리를 따르는 노동자들을 차별적으로 고용했다는 데 부분적인 이유도 있지만, 그와 동시에 상대적으로 무력한 노동자들이 심리적 위안을 위해서, 고용주와 자신들의 이해관계의 대립을 해소해 줄 수 있는 종교를 필요로 했기 때문이다.

브라질의 지주나 도시 고용주들이 농민이나 노동자들에게 했듯이, 우리는 일상생활의 여러 가지 실제 사실을 아이들에게 감추려고 무진 애를 쓴다. 우리는 똑같이 사실을 숨기고 왜곡하며, 공공 기관의 도움을 받기도 하고 옛날 이야기를 꾸며대기도 한다. 우리가 감추려는 실제 사실은 성(性)에만 국한되는 것이 아니다. 도리어 이 문제에 관해서는 어린 아이들에게도 보다 개방적인 방향으로 나가고 있다. 가족의 상대적인 소득수준, 이웃 간의 세력구조, 그리고 아버지는 왜 승진하지 못하는가, 어머니는 왜 가장(家長)이 되지 못하는가, 지미는 왜 골초이며, 수지는 왜 시골로 휴가를 떠났는가.—이런 문제들이 모든 어린 아이들이 알고 싶어하는 문제이지만 아무도 가르쳐 주지 않는다. 독서 대신 발레를 가르치지 않고, 수학 대신 태권도는 물론이고, 책 속의 식물학 대신에 파리의 해부 같은 것을 가르치지 않는다. 학교교육은 학생이 알아야 한다는 것을 가르치느니 만치, 그들이 정말로 흥미를 느끼는 것을 배우지 못하게 꾸며져 있다. 결과적으로 아이들은 읽는 방법을 배우지만 읽지 않고, 숫자를 배우지만 수학을 싫어하며, 자기 자신을 교실과 차단하며, 휴게실이나 악당들의 소굴이나 길거리에서 더 많은 것을 배운다.

우리들 자신도 아이들보다 별로 나을 것이 없다. 깡통이나 상자의 내용물에 정확하게 설명서를 붙이려 한다면, 기업체에서는 자기들에 대한 도전적인 공격이라고 간주하고 방해할 것이다. 외교정책을 파고 들어가면 그것은 파괴적이라고 낙인찍히며, 근본적인 실례 사실들은 국가안보라는 장막 뒤에 감추어져 있다. 한 나라의 군사적인 능력과 의도에 대해서는 그 나라의 법을 제정하는 국회의원들보다도 세계 열강의 적국(敵國)에서 더 잘 알고 있다. 우리가 사는 세계에서 벌어지는 비밀 음모를 알 수 있는 특권적(?)예외를 든다면, 고작 스파이, 호텔 보이, 잡역부, 하녀 정도밖에 없을 것이다. 물론 비밀에 붙이고 신비스러운 것처럼 하는 데도 그럴듯한 이유도 있다. 어린 아이들이 죽음, 고통, 성(性) 또는 정치·경제생활의 지저분한 사실들을 조숙하게 접하므로써 충격을 받거나 구김살이 생길지도 모른다는 것이다. 자동차의 모든 구조가 자동차의 소유자에게 알려진다면, 설계자는 여러 가지로 추궁받고 난처한 입장에 빠질 것이다. 문외한 뿐만 아니라 그들의 의사나 변호사 그리고 회계사들에게도 정보를 알려 주는 것은 불리하다. 만약 고객들이 사고자 하는 것에 관해서 알게 된다면, 그들의 경쟁상대도 그것을 알아채 버릴 것이다. 안보장벽이 낮아진다면, 적은 보다 적은 비용으로 보다 많은 비밀을 빼낼 수 있게 된다. 이러한 이유는 근거가 있는 것에서부터 터무니없는 것에 이르기까지 여러 가지이지만, 근거가 있다는 것도 우리가 살고 있는 현 사회의 배경 속에나 국한된 근거를 가진다. 이러한 사회에서는 파울로 프레이리 같은 사람은 위협적인 존재이며, 아이들과 우리들 자신의 자유로운 교육도 마찬가지이다. 오늘날 이러한 교육은 자유롭게 개방되어 있지 않다. 사람들이 알아야 할 가장 중요한 것을 배우는 것은 조직적으로 방해받고 있다. 사실을 제도적으로 왜곡함으로써, 그리고 진실을 똑바로 이해하는 것을 거의 불가능하게 만드는 종교적·정치적·경제적 신화를 주입시킴으로써 민중을 오도(誤

導)하고 있다. 신교도들은 카톨릭교의 연막을 꿰뚫어 보고 있으며, 자본가들은 공산주의자들의 세뇌작업을 뻔히 알고 있으며, 영국인과 프랑스인은 서로의 계략을 어렵지 않게 간파하고 있다. 결국 국가안보나 기업체의 이익을 위한다는 우리의 함정에 빠져서 헤매는 것은 우리 자신들밖에 없다.

과거의 위대한 종교 지도자들의 세속적인 중요성은 그러한 장막을 헤치고 진실을 보여주는 진정한 교육을 했다는 점에 있다. 모세, 예수, 모하메드, 석가, 노자(老子)—가장 중요한 몇 사람을 지적한다면—이들은 교리상의 초월적인 내용을 통해서, 중요한 진실을 밝혀 주었다. 물론 그들의 교리는 그 후에 가서 그들이 밝혀준 빛을 어둡게 가리는 데 악용되기도 했으며, 그들이 비난했던 것을 정당화하고 그들이 정당화했던 것들을 비난하는 데 이용되기도 했다. 그럼에도 불구하고 그들이 깨우쳐 준 진리가 완전히 사라져 버린 것은 아니다. 오늘날의 불의는 그들의 교리에 의해 비난받고 있으며, 오늘날의 이상도 그들의 교리를 토대로 하고 있다. 그들의 교리는 비전(秘傳)된 것은 아니었다. 그 당시 대부분의 다른 사람들도 종교가들이 본 것을 보았고 그들이 느낀 것을 느꼈음에 틀림없지만, 그들은 자신의 판단을 믿을 만한 신념이 없었고, 자기의 생각을 이야기할 용기가 없었거나 제자들을 모을 만한 카리스마를 결여했을 뿐이다.

현대에 이르러서는 위대한 교사들이 직접 세속적인 문제를 파헤쳤다. 마르크스, 프로이드, 다윈,—가장 유명한 몇 사람만 지적한다면—이들은 다른 사람들도 알고 있더라도 명확하게 표현하지 못한 진리를 갈파했다. 과거의 위대한 교사들의 도움으로 오늘날의 중요한 사실들이 표면에 좀 더 가까이 드러나고 있다. 또한 많은 사람들이 그것을 알게 되었다. 그것들을 위장하는 것은 대개가 뻔히 들여다 보이는 술책으로, 그들을 감싸고 있는 위선은 모멸적일 만큼 뻔뻔스럽다. 오늘날에는 천재가 아니더라도 누구나 위선을 폭로하고 비밀을 간파하거나, 인류를 해방할 수 있는 진리를 밝힐 수 있다.

  그러나 오늘날에 와서도 그것을 실천에 옮긴다는 것이 절실한 문제로 남아 있다. 이것이야말로 진정한 교사의 역할이며, 이러한 교육자원이 항상 부족한 상태이다.

  오늘날에 와서 교육의 사명을 거행하자면, 대체로 천재를 필요로 하기보다는 영웅을 필요로 하고 있다. 천재가 아니더라도, 소질이 있는 사람이면 누구라도 활동할 소지가 있다. 현대과학, 경제학, 정치학 그리고 심리학의 진리를 왜곡하지 않고 대중에게 전달하는 데는 실천을 필요로 한다. 그럼에도 불구하고 이러한 작업에 대한 진정한 실천이 별로 이루어지지 않고 있다. 실천에 옮길 만한 강력한 욕구가 왜 부족한가에 대해서는 많은 이유가 있다. 상대방은 다수이기 때문에 근본적인 변화를 가져올 수 있는 사람들에게 진리를 전달하려는 사람들은 상당한 위험부담을 지는 것이다. 간디와 마틴 루터 킹 목사는 암살 당했다. 남미의 한 혁명가는 무기를 들고 그를 지지하는 사람들과 정글로 들어갔다. 그는 의심할 바 없이 영웅이요, 순교자였다. 진리로만 무장한 사람들은 상대방에게 노출되어 있기 때문에 더욱 위험하다. 그러나 스스로가 안전한 영웅은 아무도 필요로 하지 않는다. 그러나 진정한 영웅은 언제나 나타났고, 시기가 성숙하면 다시 출현할 것이다.

12. 평화혁명을 위한 전략

∙ ∙ ∙ ∙ ∙ ∙ ∙

　개인의 타고난 권리를 자유롭게 행사하도록 보호하는 문제에서 특정한 형태의 정부가 다른 형태의 정부보다 우월하며, 또한 정부 자체의 부패를 방지하는 데에 있어서도 다른 정부보다 효과적이라고 생각할 수 있으나, 우리가 경험한 바에 의하면 아무리 좋은 형태의 정부라 할지라도 권력을 위임받은 자들은 어느 정도 시간이 지나면 서서히 조작을 통하여 독재자의 모습을 드러낸다. 이것을 막는 가장 효율적인 방법은 구체적으로 실천 가능한 측면에서 대다수 국민들의 자질을 개발하여 역사에서 보여지는 교훈을 알려 주고 다른 시대와 다른 나라의 경험을 받아들여 어떠한 형태의 통치하에서도 희망을 잃지 않고 지배자의 음흉한 의도를 깨뜨릴 수 있는 천부의 힘을 행사하도록 고무시켜 주는 것이다.

　　　　　　　　　－토마스 제퍼슨 〈지식의 광범위한 확산을 위한 헌장〉

12. 평화혁명을 위한 전략 • 185

　학교를 대신하여 모든 사람이 교육자원에 접할 수 있도록 하기 위한 전략 중에는 몇 가지 특정한 주장을 공식화하고 이러한 주장을 정당화해 주는 광범위한 목적을 분명히 천명하고 이러한 주장이 받아들여지고 성취되도록 하기 위한 일반적 행동 계획을 마련하는 일이 포함된다.
　새로운 법을 제정하도록 하기보다는 현행 법률을 공정하게 적용하도록 주장하는 것이 훨씬 용이하고 그것은 쐐기를 박는 일과 같이 수행되어야 할 것이다. 미국 일부 지역에서는 연방정부가 빈곤퇴치 프로그램을 실시하여 가난한 사람들이 법정을 가까이할 수 있는 길을 열어 주었다. 그랬더니 그들은 서슴없이 이를 이용했다. 정부로부터 보수를 받는 법률가의 도움으로 자신들의 복지권, 차용권 및 다른 여러 가지 시민적 권리를 획득하는 사람의 수가 점증하게 되었다. 탈학교(脫學校)를 향한 몇 가지 활동은 이미 오랜 역사를 갖고 있다. 특히 의무교육에 불만이 많은 종파(宗派)들의 합법적 반대는 오랜 역사를 갖고 있다. 보다 최근에 이르러서는 그런 반대가 비종교적인 바탕 위에서 행해졌다. 이를테면 아동들이 학교가 실시하려는 교육 내용을 받아들이지 않고 있다는 주장이 그것이다. 또한 교육에 할당된 공공자원의 평등한 배분을 요구하는 탄원이 누적되어 왔는데, 이러한 요구는 미국 헌법 제14조 개정안의 평등한 보호 약속에 근거한 것이다. 최근 미국 대법원은 특별히 업무에 관련되

지 않는 한, 고용주가 승진 후보자에 대해 학력 조건을 부과하지 못하도록 했다. *

'종교의 설립'에 관한 일체의 법률을 금지하는 미국 헌법 제1 수정안에 버금가는 입법이 필요하다. 교육의 제도적 독점, 특히 국가에 의한 독점은 국교(國敎)와 같은 모든 악폐를 지니고 있는데 이러한 사실이 세속 학교체제는 근본적인 가치에 관해 중립적이라고 주장된다는 사실 때문에 잘 드러나지 않는다. 이런 주장은 명백한 넌센스이므로, 국가 교육체계를 보호해야 한다는 주장은 국가의 가장 우선적인 요구와 특권을 내세운다. 그런데 이것은 민주주의의 이론, 즉 국가로 하여금 시민의 조물주 molder가 아니라 시민의 도구가 되도록 하는 민주주의 이론과 상치된다. 현대에 들어서 학교는 중세의 교회보다 훨씬 강력해졌다. 개인의 경력과 생활이 학교에서의 성공 여하에 좌우된다. 현대인은 법률에 유의하지 않으면 범법자가 된다. 현대인은 중세인이 교회에 얽매여 있었던 것보다도 법률의 영향을 훨씬 더 받는다. 교육 독점금지에 대한 주장이 국교에 대한 반론(反論)보다 강하다. 국교는 위기 시에는 국가에 반대하고 자신의 지위를 유지하기 위한 권위를 강력히 요구할 수 있었다. 그에 반하여 아카데미의 자유에 대한 요구는 비교적 약하다. 권력을 충분히 갖고 있는 대학들보다 쇠퇴기에 처한 교회가 나치스와 파시스트에 아주 잘 대항했다. 학교는 국가의 도구이며 국가에 공헌한다.

반차별법을 학교교육에까지 확대할 필요가 있다. 인종이나 종교 뿐만 아니라 교육 정도에 따른 편애도 금지해야 한다. 어디서 어떻게 교육받았는가는 인종이나 종교와 마찬가지로 한 개

---

* Griggs et al. v. Duke Power Company :
　이 판결에서 대법원은 업무에 특별히 관련되지 않는 학력이나 시험의 사용을 금지했다. 이 판결은 엄격한 차별이 행해지는 사례에 한해서 적용되지만, 판결의 폭은 넓으며 다른 분야에까지 확대 적용될 것이 틀림없다.

인의 업무능력을 평가하는 데 부적합하다. 고용주의 이해관계에 직결돼 있는 업무수행을 위한 모든 효과적인 측면이 인종과 종교의 경우에는 고용주의 정당한 고려 사항이 아니다. 업무를 수행할 능력만 보여 줄 수 있다면 직업 응시자는 학교에 갈 필요가 전혀 없다. 우리는 학교에 아주 익숙하여 오히려 이러한 얘기가 이상스럽게 들린다. 그러나 논리는 간단하다. 현재 우리는 훈련비를 가장 많이 치르는 사람에게 보수가 가장 좋은 직업을 나누어 준다. 학교교육비용을 전적으로 개인이 부담한다면 이러한 상황은 윤리적인 면에서 정당화될 수도 있을 것이다. 그러나 경제라고 하는 것은 아주 우스꽝스런 것이다. 사람들은 보다 값비싼 것이 보다 좋다고 믿도록 교육받아 왔다. 그러나 경제학자들은 공급자간의 가격경쟁이라는 가정을 가지고 설명했다. 학교는 정반대되는 경쟁물이다. 하버드 대학까지도 학비가 싸다면 그 권위를 의심받을 것이다.

　교육기회를 평등하게 하기 위해서는 현재의 특권에 반비례하도록 교육자원을 배분해야 할 것이다. 이러한 주장은 가장 재능 없는 사람에게 돈을 가장 많이 소비하고 전체비용이 가장 적게 드는 교육을 실시한다는 주장이다. 이러한 주장은 틀림없이 비판받을 것이다. 왜냐하면 적성검사는 가난한 사람을 차별하는 학교체제에서의 성공 여부에 근거하기 때문이다. 그러나 결국 그러한 주장은 정치적인 쟁점을 해결하지는 못할 것이다. 많은 사람들이 공공자원이 평등하게 분배된다고 믿고 있다. 설령 그렇지 않더라도 그래야 된다고 믿는다. 공공 교육자원의 평등한 배분을 요구하는 법률은 따라서 입법 프로그램에서 제3의 항목이다. 교육비용을 개인별로 부담하는 체제가 그런 법률을 시행하는 편리한 그리고 유일한 방법일 것이다.

　이들 세 법률은 교육 독점물로서의 학교체제를 효과적으로 폐지할 것이다. 그러나 새로운 것의 재발을 금지하지는 않을 것이다. 그들은 모험을 무릅쓰고 교육 시장을 창조함으로써 교육 자원의 새로운 독점을 확립한 권력을 쉽게 행사하는 강력한 경제 제도의 길을 열 것이다.

반독점법을 교육분야에 까지 효과적으로 확대하고 일반적으로 반독점법을 효과적으로 시행하는 것이 필요한 네번째 요구사항이 될 것이다. 현재 그런 법률은 다른 영역에서는 비교적 효과가 적으므로 이러한 요구는 일반적인 관례와는 거리가 멀다. 정치적 요구-만일 받아들여질 경우 혁명적 사회변화를 일으킬 정치적 요구-는 그것이 즉각 받아들여지리라고 기대해서가 아니라 혁명적 상황을 형성한다는 목적을 갖고 행해진다. 반독점법을 효과적으로 시행하자는 요구가 학교 독점금지에 대한 요구보다 이를 보다 잘 보여준다. 후자의 요구는 어디에서나 즉각적인 혁명의 결과 없이 관념적으로 받아들여질 것이다. 왜냐하면 특권과 권력이 계속 독점되도록 하는 제반 사실에 대한 계몽의 독점이기 때문이다. 그러나 이것은 실제적인 문제이다. 학교의 정치적 악폐란 이들 학교가 기존의 특권에 비례하여 교육기회를 제공하는 점이다.

혁명적 변화에의 투신(投身)은 기존의 악폐에 대한 인식만으로는 이루어질 수 없다. 변화가 일어나면 좀더 나아질 것이라는 믿음이 필요하다. 학교에 대한 대안이 명백히 설명되는 동안 이 대안이 실현될 미래사회의 윤곽이 개략적이나마 제시되어 왔다. 교육에 관한 책에서는 많은 것이 행해질 수 없지만 다음 구절은 내가 상상하고 있는 유토피아의 전제(前提)를 아주 간단히 보여준다.

자유의 개념을 규정할 때 무엇을 위한 자유라기보다는 무엇으로부터의 자유로 규정하는 것은 근본적인 가치와 실제적인 가정을 대체로 부정적인 측면에서 규정하는 결과를 낳는다. 폴 굿맨 *Paul Goodman*이 말했듯이, 문제는 우리가 주체적으로 묵인하겠다가 아니라 그저 묵인할 것이다는 점이다.* 현재 "~이다와 ~이어야" 한다는 긍정적인 관점에서 서술하는 철학은 타인에 의한 압제, 그리고 이교도에 대한 억지 계몽이라는 결과를 낳는다. 압제로부터의 최대한 자유에 바탕을 둔 철학은 진리와 미덕을 타인에게 강요하는 권리의 부정에서부터 시작된다.

그러한 자유의 철학이 의미하는 바는 매우 심원한 바가 있다. 예를 들어 이 철학은 타인이 필요로 하는 것의 독점권을 부정한다. 왜냐하면 독점은 타인의 자유를 속박하는 데 사용되기 때문이다. 게다가 필요라고 하는 것은 생명을 부지하는 데 꼭 필요한 것들처럼 엄격하게 규정되지 않는다. 예를 들어 정보에 대한 부정은 신선한 공기, 깨끗한 물, 영양가 높은 음식에 대한 부정을 낳는다.

적극적인 가치보다는 문제의 처방에 바탕을 둔 사회교육철학은 기독교인과 자유주의자의 전통에 상반되는 것으로 보일 수도 있을 것이다. 내가 보기에는 두 가지 모두 곡해되고 있는 것 같다. 예수는 이렇게 말했다. "나는 율법을 완성하러 왔다." 그리고 모세의 율법은 "~을 해서는 안된다."라고 쓰여져 있다. 예수가 가르친 것은, 잘못을 범하기 쉬운 인간은 다른 사람과 함께 줄곧 나아감으로써만 율법을 완성할 수 있다는 것 뿐이다. 이것은 불유쾌한 교리이다. 형제의 보호자가 된다는 것은 그와 함께 길을 나아가는 것에서부터 강제로 너의 길로 오도록-그 자신을 위하여-하는 것에 이르기까지, 혹은 너희가 생각했듯이 하나님의 길로 오도록 하는 것에 이르기까지 쉽지 않았다.

자유주의는 더욱 뻔뻔스럽게 왜곡되었다. 그것은 타인에 의한 강제로부터의 자유라는 교리로 시작했다. 오늘날의 복지계획은 간단한 정의(正義)를 위한 값싼 대체물을 찾아내려는 명백한 시

---

* 1970년 8월 29일부터 9월 3일 까지 콜로라도 주의 아스펜에서 "문화의 자유를 위한 국제협회" 주최로 열린 세미나에서 Paul Goodman이 한 연설.

도다. 우리는 가난한 사람들한테서 독점행위로 빼앗은 것을 그 일부라도 돌려주어야 한다. 이들 독점행위 중의 상당수는 강제적인 법률의 실질적 폭력이다.*

　부정적으로 규정된 자유는 좋은 생활을 적극적으로 실현하여 풍부하게 하는 데 반대하지 않는다. 다만 그러한 생활을 누리지 못하는 사람들에게 그러한 생활의 개념을 강요하는 데만 반대한다. 실제로 부정적으로 규정된 자유는 적극적인 협동을 위한 유일한 보편적 근거를 제공한다. 타인에게 평등한 기회를 부여할 것을 거부하는 류(類)의 협동에 타인과 함께 가담할 기회를 모든 사람에게 보장하는 다른 방법이 있느냐 하면 그렇지 않다.

　인간에 의해 이루어지는, 그러나 인간을 위한 것이 아닌 세계는 후손에게 물려질 수가 없다. 이것은 그런 세계를 이룩하는 수단으로서의 정치적 혁명을 배제한다. 왜냐하면 정치적 혁명은 중앙집권화된 정권의 장악을 뜻하기 때문이다. 권력은 곧 그것이 분배될 것이라는 구실을 앞세우고 장악되어 왔다. 그러나 분배된 적은 한번도 없다. 자유롭고 정의로운 세계를 향한 진보의 과정에서는 권력이 장악될 수 없다. 권력은 파괴되거나 혹은 사라져야 한다. 왜냐하면 파괴는 또 다른 보복을 낳는 폭력을 뜻하기 때문이다. 전체적으로 볼 때 권력이 없는 세계는 물론 불가능하다. 하지만 권력은 널리 분산될 수 있다. 물론 신중히 통제된 최소한의 집중은 필요하겠지만 말이다.

　정치적 혁명론은 보다 일반적인 제도 혁명론의 근거를 제공한다. 그러기에는 중요한 수정과 보완이 필요하다. 정치제도는 폭력 사용에 정당성을 부여하는 유일한 것이다. 정치문제에 있

---

　* 3) 미시간 주 상원 의원인 Philip Hart의 사회로 열린, 독점에 관한 미국 상원 소위원회의 증언에 의하면 독점가격을 매긴 것이 국민 총생산의 25%를 차지하고 있다. 이러한 가격이 가난한 사람들에게 어떤 효과를 미치는 가를 거의 고려하지 않더라도 그 액수는 그들에게 주어지는 갖가지 복지 혜택을 웃돌고 있다.

어서 이데올로기와 합리성은 권력과 폭력에 봉사하는 경향이 있다. 다른 제도의 경우에는-종교 제도를 포함하여-이데올로기와 합리성이 더욱 중요하다. 그럼에도 불구하고 시민들은 자신의 시민권을 보호하고 선택할 때보다는 시장과 학교, 병원, 자동차 등을 선택할 때 생계비와 그 혜택을 덜 맹목적으로 고려한다는 점은 엄연한 사실이다. 비정치적 제도에 있어서의 변화는, 최소한 겉으로만은 합리적인 토론을 거쳐서 이루어진다. 이른바 합리적인 폭력이 정치제도의 독점물은 아니라 할지라도 말이다. 아무튼 비정치적인 제도에 있어서의 혁명적 변화는 폭력이 없이도 일어날 수 있고 준(準) 합리적일 수 있으며, 분석, 연구, 논쟁의 영향을 받을 수도 있다. 스칸디나비아 여러 나라와 영국의 사회주의화 과정, 그리고 유럽 공동시장의 형성은 점차적인 변화의 예를 잘 보여준다. 물론 여기에서도 폭력의 압력과 위험이 없었던 것은 아니다. 여기서 잠시 과학과 종교의 혁명을 살펴볼 가치가 있다. 어느 정도 틀이 잡힌 과학에서는 중심을 이루는 이론의 결점이 점차 널리 인정되고 그 분야의 요구조건에 부응하지 못하게 되어 결국 보다 성공적인 경쟁 상태를 더 좋아하게 되고, 결국 폐기되기에 이를 때까지는 중심 이론이 그 분야의 연구와 강의내용을 지배한다. 이런 류(類)의 평화적 변화에 필요한 조건은 쉽게 확인된다. 과학의 여러 분야가 공통적으로 사용하고 이해하는 공동의 언어가 있다. 여러 과학들 사이에는 정규적인 커뮤니케이션이 있다. 궁극적인 공소원(公訴院), 즉 조작된 조건 아래서 입증된 경험적 증거가 있다. 이성과 논리에 있어서 일치를 본 규준(規準)이 있다. 이들 여러 조건은 틀에 잡힌 과학분야 이외의 것에 적용되기는 힘들지만 그들은 유용한 기준을 제공한다. 이 기준은 실제로 위에 인용된 평화적인 제도적 변화의 예와 가까워져 왔다. 토마스 쿤의 최근 저서와 그 책에 관한 논쟁은 과학적 혁명까지도 위에서 말한 설명으로 매우 이상화된다는 사실을 보여준다.* 이는 폭력 없이, 그러나 최소한 사실에서 추론한 명백한 합리성을 띠고 행해진다.

종교혁명은 평화적이었던 적이 별로 없었지만 몇몇은 평화적이었다. 예를 들면 불교라든가 접신(接神) 혹은 군국주의적 신앙이 확산된 경우가 그렇다. 새로운 종교적 신앙이 빠른 속도로 널리 퍼지는 조건은 과학적 혁명이 일어난 조건과 공통된 점을 갖고 있다. 급속히 번지는 종교적 변화는 항상 불행한 사람들 사이에서, 그리고 환멸과 실의로 가득 찬 퇴행적인 사회 조건 하에서 일어난다. 이것이 발생하는 또 다른 조건은 강력하고 매혹적인 새로운 질서의 실현이다. 항상 그렇지는 않지만 카리스마적 지도자와 군대는 새로운 진리를 주장하곤 한다. 종교혁명에는 과학의 경우와 마찬가지로 공통된 언어나, 해석, 커뮤니케이션, 공통된 이성과 논리의 기준이 필요하다. 감정에 대한 증거가 아니라 이성에 대한 증거가 종교적 진리의 시금석이다 마음 속 깊이 느끼는 욕구는 충족되어야 한다. 그렇지만 과학적 전환과 종교적 개종 사이의 유사성이 그 차이점 보다 훨씬 더 인상적이다. 종교적 혁명 역시 제도적 혁명이론에 교훈을 줄 것이다.**

폭력에 관한 문헌을 살펴보면 폭력은 그 형태가 변하지 않음을 알 수 있다. 군부의 역사를 보면 한쪽이 훨씬 강력하기 때문에 서로 맞붙지 않는 예들이 아주 많다. 항상 그렇지는 않지만 평화혁명은 권력을 장악하고 있는 자들이 그 권력을 부드럽게 포기하는 혁명이 아니다. 이는 정말로 낭만적인 넌센스다. 평화

---

* Thomas S. Kuhn ; *The Structure of Scientific Revolutions*, (Chicago : The University of Chicago Press, 1962).

** Norman Cohn ; *The Pursuit of the Millennium*, (New York : Harper & Row, 1961).

적인 혁명은 실질적인 기반을 갖지 못한 권력자들이 싸우기도 전에 자신의 권력을 상실했음을 깨닫는 혁명이다.

제도적 혁명이 평화적일 수 있다는 보장은 없다. 단지 희망 사항일 뿐이며 또 반드시 매우 좋은 것만도 아니다. 혁명의 평화적 성격만이 유일한 관심사는 아니다. 그것은 부분적으로는 보다 중요한 기준에 대한 비판적 관계 때문에 중요하다. 이것이 바로 혁명이 효과적으로 목적을 달성하는 근거이다. 정치적인 혁명의 역사는 배신의 역사다. 혁명의 조건을 성숙시키는 데 도움을 준 이상주의자들, 그리고 스스로 중요한 희생을 치른 평범한 사람들을 배신한 역사이다. 혁명은 오로지 그 반발 시에 이루어지는 궁극적 변화만을 초래할 것이다. 이러한 변화 외에 아무것도 없는 편이 훨씬 더 좋다.

13. 우리들 각자가 할 수 있는 일은 무엇인가

· · · · · · ·

사람은 혁명을 한다. 그것이 살아가는 최선의 길이기 때문이다.

−대니 더 레드

13. 우리들 각자가 할 수 있는 일은 무엇인가

 우리들 대부분은 영웅과는 거리가 먼 사람들이지만 우리의 도움이 없다면 영웅들은 아무런 쓸모가 없을 것이다. 정의로운 세계가 실현되도록 하기 위해 우리들 모두가 할 수 있고, 해야만 할 일이 있다면 그것은 정의로운 세계에서 존재해야 할 삶을 지금부터 살기 시작하는 일이다. 이런 식의 이야기는 이전에도 어디에서 들은 적이 있을지 모르겠다. 사실 모든 위대한 종교 지도자들이 서로 다른 형식으로나마 그것을 이야기했었다. 그러나 그렇다고 해서 그 이야기들의 진실성이나 정당성이 감해지는 것은 아니다.
 오히려 그런 사실이야말로 그 이야기의 진실성과 정당성에 대한 최상의 증거일 것이다. 그것이 어떤 새로운 마술도 보여주지 않고 어떤 궁극적 승리도 보장해 주지 않으며 단지 인류를 과거로부터 벗어나 대도(大道)를 걷도록 촉구하고 있을 뿐이라고 하더라도 그 또한 그 이야기의 진실성과 정당성의 증거인 것이다.
 힘과 안정이란 그 토대가 마술이건 종교건 혹은 과학이건 관계없이 항상 인간의 희망을 좌초시켜 온 엉터리 등대와 같았다. 궁극적인 힘과 안정의 성취란 결국 인간생활 속의 모든 가치 있는 것의 결정적 소멸로 이어지는 것이기 때문에 그것은 잘못된 것이다. 사람들은 끊임없이 반복하여 이러한 목적 — 이스라엘의 예언자들은 그것을 우상숭배라 불렀다. — 을 추구해 왔지만 또한 끊임없이 그들의 우상의 실체를 확인하고 그것을 팽개쳐 오기도 했다.
 현대의 우상은 과학과 기술이다. 이들을 경배하도록 끊임없이 선전하면서 그 결과에서 이득을 얻는 갖가지 사회제도야말로 이들 우상이 버티고 선 신전이다. 이 현대의 이교(異敎)는 모든 사람이 각자 궁전과 호화로운 수레를 소유한 왕이 될 것을 약속하면서 거의 모든 인간의 넋이 빠지게 해 놓았다. 그런 일이 설령 실현된다고 해보자. 그렇게 된 세상에서 할 일이 무엇이겠는가? 호화로운 자기 집안 살림의 양과 질을 서로 견줘 보면서 끝없이 이 집 저 집 찾아다니고 수많은 십자로를 출발점으로 하여 호화로운 자동차를 끌고서 한없는 속도경주나 하는 것 외에 도대체 무슨 할 일이 있겠는가? 입체 교차로를 만들어 십자로를 없애 보라. 그렇게 되면 게임의 모든 의미가 사라지고 말리라. 그것은 마치 따로 분리된 장기판에서 각자의 말을 굴리고 있는 장기꾼들과 비슷한 것이다.
 그러나 모든 사람이 왕이 될 수 있으리라는 이러한 꿈은 그야말로 꿈같은 생각이다. 거기에 이를 수 있는 사람은 소수에 불과하다. 그렇기 때문에 게임이 해볼 만한 가치가 있다고 할 것인가? 게임에 지게 돼 있는 자들에게는 당치도 않은 말이리라. 또 이기는 자들에게는 어떠한가? 그들은 벌써 교외의 보루(堡壘)에 개인 병기고를 세우고 있으며, 날이 갈수록 더 깊고, 넓고, 길어져만 가는 매연의 골짜기를 지나면서도 자기네의 캐딜락에는 병에 담은 신선한 공기를 공급해주고 있다.
 자, 그러니 사람들이 할 수 있는 일이 무엇일까? 그들은 건강하고 정의로운 세계에서 존재해야 할 삶의 양식을 지금부터 시작할 수가 있을 것이다. 그들은 현대 의학의 기적을 무의미하게 만드는 오염된 대기, 오염된 물, 오염된 음식, 과식과 운동부족 등을 피함으로써 다시금 자신의 건강을 지키기 위해 노력할 수 있을 것이다. 물론 세상에는 겨우 입에 풀칠이라도 하기 위해서 어쩔 수 없이 심한 중노동을 해야 하는 탓에 못 먹고 운동 과잉의 상태에 있는 다른 수백만의 사람들이 있다. 그들이 할 수 있는 일은 무엇일까? 자기가 부유한 자들과 연합되어 있는가 그렇지 않은가에 따라 그들은 상이한 일들을 할 수 있을 것이다. 그러나 어떤 경우이건 그것은 나눠 갖는 일이다. 그런데 나눠 갖는 일이란 상호적일 수도 있고 혹은 일방적일 수도 있다.

사람들은 자기가 하고 있는 일이 자기 몫의 노동보다 더 많은가 적은가에 따라, 자기가 소비하는 재화가 자기 몫의 재화보다 더 많은가 적은가에 따라, 자기의 소비와 생산을 줄일 수도 혹은 늘일 수도 있을 것이다. 그들은 자기의 소유물을 혹은 자기의 필요량을 나누어 가질 수 있을 것이다. 그들은 다른 것 중에서도 자기들이 그 안에서 살고 있는 자연 환경을 보존하기 위해 노력할 수가 있을 것이다.

소비를 줄이고 나누어 갖고 보존한다는 것은 우리들 대부분이 할 수 있는 세 가지 행동이다. 그러나 일단 단합된 힘으로 밀고 갈 경우 그것은 강력하고 혁명적인 프로그램이 되는 것이다. 이 프로그램이 유럽과 북미에서 확신을 가진 이들에 의해서만이라도 줄기차게 실행된다고 생각해 보라. 그렇게 되면 특히, 보다 세련된 상품과 서비스에 대한 수요가 급격히 감소될 것이다. 2차 대전 이래 북대서양 연안 사회의 생산은 갈수록 더, 이미 다른 대부분의 사람들보다 훨씬 더 잘 먹고 잘 입고 잘 자고 잘 돌아다니는 사람들을 위한 사치스런 상품 — 식료품, 의류, 주택, 교통수단을 포함하여 — 의 판매에 목적을 두고 있다. 오늘날 미국경제가 봉착해 있는 어려운 문제의 적지 않은 부분은 중산층 젊은이들이 자기네 부모들의 기꺼운 동의를 얻을 수 있을 만한 삶의 양식을 확실히 하지 못한 데서 기인한다. 만일 이들 젊은이들의 기본적 가치관과 신념에 대해 공감하는 사람들이 그들의 본보기를 따르려 한다면 자동차 시장, 주택 시장, 설비 시장은 붕괴되고 말 것이다. 그 결과로서 생겨나는 실업은 다른 사람들로 하여금 어쩔 수 없이 소비를 줄여야 하도록 할 것이며, 그들은 자기네의 실없는 홍청거림이 얼마나 허망한 것 이었는지를 깨닫게 될 것이다. 이들에게는 나눠 갖고 보존하는 일이 처음에는 본의 아닌 실업에서 비롯된 경제적 결과였지만 일단-혹은 여러 번-경험하게 된 후에는 그들 자신이 그 일을 자발적으로 떠맡기 시작한다.

분배와 보존이 특히 내구성이 있을 만한 상품에 적용될 경우, 과도 소비를 억제함으로써 얻어지는 그 경제적 효과는 엄청나 게 증대될 것이다.

보존되고 분배되기만 한다면 한 10년 정도는 충분히 쓸 수 있는 의류와 주택과 교통수단이 북대서양 연안 사회에 있는 것 이다. 그 중 상당 부분은 수선하고 개조할 필요가 있겠지만 그 정도는 새로운 원료가 별반 없이도 가능하다.

서비스를 구매하느니 서로 교환함으로써-자발적으로든 혹은 본의 아니게-상품 시장, 서비스·원료·토지 시장은 더욱 김이 빠질 것이다. 실질적으로 누군가에게 도움이 될 수 있는 상품이 나 용역의 공급을 감축시키지 않고도 미국의 GNP는 반쯤으로 줄일 수 있다. 그렇게 되면 미국의 해외 주둔군에게는 어떤 일 이 일어날까 하는 점은 또 다른 문제이지만 그러나 전세계 사 람들의 대부분은 미국의 간섭이 줄어들면 더 잘 살 수 있을 것 이다. 세계 대부분의 곳에 현실적인 자원이 부족하다는 이야기 가 사실과 다르며, 오히려 남아돌 만한 양이 공급되고 있다는 것, 그리고 어떻게 하면 합리적으로 사용하고 합리적으로 분배 할 수 있는가 하는 문제가 해결돼야 할 유일한 문제라는 것이 밝혀질 것이다. 그 위에 고의적으로 덮여진 껍질을 제거하고 정 면으로 마주치면 이 문제 역시 합리적으로 해결될 수 있을 것 이다.

불경기가 심할 때의 정치심리를 생각해 보면 이 말에 훨씬 쉽게 수긍이 갈 것이다. 1930년 대에 수많은 대중이 필요 이상의 것을 소유하고 통제하는 소수의 사람들에 대한 모순을 인식하게 되었다. 이러한 통찰의 결과로부터 유럽을 구할 수 있었던 것은 파시스트의 움직임 뿐이었으며 미국을 구할 수 있었던 것은 전쟁뿐이었다. 광내는 소비가 다시금 불가능하게 된다면 또 한번 파시즘이 발생할 것인가? 수많은 건설적인 사람들이 이러한 전망이 주는 공포, 더 나아가 은밀한 협박 때문에 몸을 움츠리고 있다. 그러나 오류를 반복하도록 되어 있는 사람은 역사로부터 아무것도 배우지 못하는 자들 뿐이며, 배운다는 것은 기회를 한번 놓쳤다고 해서 나머지 다른 기회도 영영 잃어버렸다고 생각하는 것이 아니다.

불합리해진 현 체제가 붕괴될 경우 어쩔 수 없이 일어날 위험들을 최소한으로 줄이라고 하는 것은 아니다. 이 위험은 커다란 것이며, 그것을 줄이기 위한 방법은 분명히 있을 것이다. 그러나 이러한 위험은, 그것이 단지 기본적 변화의 필요성에 주의를 환기시키기 때문에 야기된다고 주장하거나 기존의 제도를 보다 효율적으로 운영해 가면 만사가 해결되리라고 주장하는 것으로써 피해질 수 있는 것은 아니다. 이 제도는 근본적으로 불건전하다. 그것은 사람들의 필요를 충족시켜 주기 위해서가 아니라 그들을 통제하기 위하여 마련된 것이다. 핵무기가 등장하기 이전의 1930년대라면 이 제도를 변화시키기가 보다 용이했을 것이다. 또 훨씬 더 비밀스런 무기가 발명되고 난 후보다는 그것을 지금 변화시키는 것이 더 쉬울 것이다. 변화에 따르는 위험도 크지만 변화를 늦춤으로써 생겨나는 위험은 더 크다.

현 체제의 지배자들이 현상을 유지하고 공고히 하기 위한 수단으로써 다시금 전체주의적인 민주주의 정당을 동원하고 국제적인 분쟁을 선동하고 전쟁을 일으키는 짓을 하지 못하도록 하기 위해서는 어떻게 해야 하느냐는 질문이 있을 수 있겠다. 확실히 그들로 하여금 그런 행동을 못하게 할 수는 없을 것이다. 오직 충분한 숫자의 사람들이 건전하고 정의로운 세상에 대한 그들의 관심을 한데 모아 그러한 세상의 실현을 위해 공동으로 노력할 때만이 자기네의 권력과 특권을 영구화하기 위해 거리낌없이 온갖 수단을 동원할 자들을 물리칠 수 있을 것이다. 그러나 엘리트의 힘이란 그것이 폭력에 의존할 수밖에 없을 경우 급격히 쇠퇴하게 된다. 자기네의 특권을 향유하고 있으면서도 일단 그 특권의 진정한 값을 깨닫기 시작하면 기꺼이 포기하려는 마음을 먹을 수도 있는 자기 동료들의 지지마저 상실하게 되는 것이다. 비록 수동적으로나마, 정의를 위해서 싸우는 사람들이 특권이 도전 받을 경우 커다란 고통의 대가를 치르리라는 것은 분명하다. 그러나 2차 대전중의 유럽역사는 잔인한 탄압을 일삼는 압도적 힘 앞에서도 사람들이 어떻게 서로 서로를 보호해 줄 수 있었던가에 대한 수많은 본보기를 보여주고 있다.

싸움에 임하는 방법 중 자기의 경우에 가장 적합한 것이 무엇인가를 미리 알 수 있는 사람은 아무도 없다. 어떤 곳에서는 그저 과도한 소비를 그만두고 선의의 사람들과 협력하여 평화롭게 분배하고 보존하는 일만으로도 합법적인 정치적 수단을 통해 권력을 장악할 수 있는 다수를 창조해 낼 수 있을 것이다. 또 다른 곳에서는 인도에서 간디와 네루가 실천하고 미국에서 마틴 루터 킹과 그의 추종자들이 실천한 것처럼 시민 불복종 운동이 필요할지도 모른다. 그리고 또 다른 곳에서는 1940~45년 사이에 나치 점령 하의 유럽 저항운동을 특징 지웠던 게릴라 전술이 불의를 더 이상 감내하고만 있지 않으려 하는 사람들에게 가능한 유일한 방법이 될지도 모른다. 민주 정치와 수동적 저항과 게릴라 전쟁이라고 하는 세 가지 수준에서의 전략과 전술은 몇 가지 중요한 공통점을 지니고 있다. 그것은 어느 경우에나 강제가 아닌 협동에 의지하고 있다. 그것은 중앙집권적인 지도력이 아니라 지방분권적인 지도력에 의지하고 있다. 또 그것은 여러 가지 짐과 책임과 보상의 비교적 균등한 분배에 의지하고 있다. 그러나 이것들은 또한 건전하고 정의로운 세상의 특징들이기도 하다. 이것이야말로 가치있고 실현 가능한 세상 속에서 이루어져야 할 삶의 방식이다. 그러므로 사람들은 그러한 세상의 실현을 위해 싸우는 과정에서 그 세상 속에 존재해야 할 삶의 모습까지 배우게 되는 것이다.

　민중의, 민중에 의한, 민중을 위한 사회를 창조하기 위해서는 각자가 우선 공동의 원칙에 입각하여 자신의 삶을 새로이 하고 그 뒤에는 그 원칙에 공감하는 사람들과 힘을 합하는 개인적 협동의 길 외에 아마 다른 방도가 없을 것이다. 내가 알고 있는 경우만 하더라도 초기의 미합중국과 코스타 리카, 우르구아이, 고대 그리스와 로마의 공화정들이 건전하고 정의로운 시기를 누릴 수 있었던 사회들이었는데, 그 모두가 이와 같은 방법으로 확립되었던 것이다.

　훨씬 고상한 원리에 입각하여 세워진 소비에트 국가와 프랑스 제 1공화국은 하나의 중앙집권적 권력을 또 다른 중앙집권적 권력으로 대치함으로써 혁명이 치른 희생을 무의미하게 만들어 버렸던 것이다. 권력을 위한 그들의 투쟁은 전체적으로 보다 새로운 권력투쟁을 낳았다. 처음부터 자발적인 협동에 기초를 둔 공동체의 경우에 있어서 마저도 권력과 책임이 한곳으로 집중되는 순간부터 바로 그 사회가 붕괴가 시작되었다.

　그러므로 각 개인이 해야 할 일은 단순히 소비를 줄이고 나누어 갖고 보존하는 것만은 아니다. 그들은 또한 정의로운 세상이 조직되고 관리되는 방법이 무엇인가를 배우지 않으면 안된다. 왜냐하면 과거의 시도에 관해 알려진 것은 많지만 그 중 어느 것도 성공한 것은 없으며 따라서 직접 그러한 시도를 했던 사람들에 의해 알려진 것은 충분치가 않기 때문이다. 그들이 실패했던 것은 권력을 추구하는 자들이 그들을 타락시키기 위해 최선을 다했던 결과이기도 했지만 또한 그들 자신의 게으름과 해이함과 지나친 자만과 다른 일에 대한 관심, 그리고 무엇보다도 무지몽매함의 결과이기도 했다. 브루터스와 캐시어스는 시저라는 인물이 의미하는 위험이 무엇인가를 알고 있었지만, 그들과 뜻을 함께 하는 이들의 숫자가 너무도 적었다. 제퍼슨도 당대의 문제를 이해하고서 교육을 보편화시킴으로써 자신의 뜻을 여러 사람들과 함께 하려고 노력했지만 의도적으로는 아니었을지라도 공립학교를 개척했던 호레이스 만과 그의 후계자들에 의해 배신당했다.

각 개인이 할 수 있는 가장 중요한 일이 한 가지 있다면 그것은 자기네 어린애들의 교육에 대한 책임을 다시금 각자가 떠맡는 일일 것이다. 아주 어릴 때부터 어린애들은 강한 자가 약한 자와의 관계에서 어떻게 힘을 휘두르는가를 배우게 되는데, 이러한 유년기의 경험이 그 뒤의 인간관계에 있어서 자기보다 강한 자 혹은 약한 자에 대해 어떤 행동을 취할 것인가를 결정할 수도 있다.

정의로운 세상을 창조하기 위해 우리들 각자가 할 수 있는 일은 너무도 많다. 문제는 여러 가지 방법을 정교하게 하는 일보다는 그 중에서 어떤 방법을 택할 것인가 하는 선택의 원리를 규정하는 일이다. 모든 방법에 공통된 점이 하나 있다면 그것은 어느 경우나 일종의 희생을 요구하고 있다는 것이다. 부유한 자들은 향유할 수 있는 것보다 적게 향유해야 하고 가난한 자들은 행여 몸이 다칠까 가느다란 소리로 요구하던 것 이상의 것을 큰 소리로 요구해야 한다. 누구나 다 이제껏 생소했던 삶의 방식과 인식의 방식을 터득해야 하며, 곤경에 처한 이웃을 돕기 위해 위험을 무릅써야 한다. 돈 있는 집 부모들은 이제 갓 열 몇 살 되는 애들에게 하나씩 자동차를 사주려는 태도를 집어쳐야 한다. 가난한 집 부모들은 자기들의 욕구불만을 집안 애들이 아닌 다른 곳에서 해소해야 한다. 어느 쪽이나 다 자기의 아이들이 스스로를 지킬 수 있는 모험을 하도록 허락해야 한다.

희생의 전략은 반드시 선택적이지 않으면 안된다. 나중의 결과가 희생의 대가보다 귀한 것만을 위해 사람들은 철저하게 희생을 각오한다. 여기에 서술된 희생의 전략은 싸움의 열기가 지속되는 기간 뿐만 아니라 혁명 후에도 필요한 것이기 때문에 특히 위의 이야기가 절실하다. 의로운 사회는 일단 획득되고 그 다음에 향유되는 것이 아니다. 그것은 매일매일 새롭게 획득되어야 하며, 따라서 획득되고 있는 동안 향유되지 않으면 안 되는 것이다. 왜냐하면, 희생이란 향유와 대치되는 것이 아니라 향유의 진정한 분신이기 때문이다. 예를 들어, 건강, 힘, 사랑, 존경 따위는 그것이 획득되고 있는 동안만, 혹은 그 뒤 극히 짧은 동안만 향유될 수 있다. 부(富)와 권력마저도 쉽게 사라지고 만다.

그렇다면 각자가 자신이 감당할 수 있고 또한 자기에게 어떤 보상이 이루어지는 희생의 종류와 정도를 선택하지 않으면 안 된다. 어떤 자들은 건전하고 정의로운 세상에서 자기 몫으로 돌아오는 것마저도 희생할 수 있어야 할 것이다. 대부분의 사람들은 무엇이 문제인가를 이해하게 될 때 별로 어렵지 않게, 오히려 기쁜 마음으로 자기들이 감당할 수 있는 짐-자기들이 향유할 수 있는 규율-을 선택하게 되는 것이다.

많은 사람들이 응분의 대가를 발견하게 될 한 가지 희생의 형식은 질을 위해 양을 포기하는 것이다. 흔히 있는 일이지만 사람들이 공장제품을 마다하고 수제품을 선택하게 될 경우 산업사회 내에 발생하게 될 혁명적 결과는 대단한 것이 될 것이다. 대부분의 경우, 공장제품은 값이 저렴하여 많은 사람이 일정한 금액만 지불하면 쉽게 이용할 수 있다는 것은 의심할 여지가 없다. 그러나 단 하나의 독창적 그림이 수십 장의 복사판보다 더 많은 만족감을 줄 수 있으며 화가가 가족의 한 사람일지라도 이런 사실은 변함이 없다. 이런 원리는 음식, 의복, 가구, 주택건설, 화물 폐차장의 구식 자동차들에도 적용된다. 부유한 사람들 속에서는 취미 때문에 완제품보다 훨씬 값비싼 연장

과 새 재료에 대한 수요가 창출될 수도 있다. 그렇다고 해서 그
것들이나 예술이 꼭 취미에 국한돼 있을 필요는 없다. 그것은
공동체 전체가 택할 수 있는 하나의 생활양식이며 아직껏 상상
도 못해 봤을 정도의 큰 규모로 빈자들에 의해 그리고 빈자들
을 위해 이용될 수 있을 것이다.

 비교적 여유 있게 사는 일반 미국인 가정에는 1,000 달러 어
치 넘는 내구재가 사용되지도 않은 채 그냥 놓여 있는데, 그것
을 조금만 손질한다면 가난한 사람들이 새로 돈을 지불하고 살
수 있는 상품들보다 훨씬 유용하고 매력적인 물건이 될 것이다.
이것은 빈한한 미국인 가정마다에 각각 4,000 달러씩 돌아갈 수
있는 잠재적 자본이 있다는 것을 의미하며 이것을 양도해 줌으
로써 증여자(그들은 물건을 치우고 난 공간을 이용할 수 있다.)
와, 가난한 자, 그리고 양도를 가능하게 만들어 준 기업가들 모
두가 혜택을 받게 될 것이다. 이들 기업가들은 아마 경제적 동
기보다는 사회적 동기에서 출발해야 할 것이며 그렇지 않다면
어떤 훌륭한 명분을 가져야 할 것이다. 너무 조잡하게 접근하는
것은 오히려 "자선"의 샘물을 망칠 수도 있다. 하지만, 기업가
라는 용어를 사용하는 것이 단순한 비유만은 아니다. 양도를 가
능하게 해 줄 중개자들이 필요할 뿐만 아니라 그들 수천 명은
새 상품을 파는 데 있어서 전국적으로 조직된 체인과 경쟁할
능력이 없는 주변의 평범한 사업가들로부터 출현할 수도 있다.

 사용하지 않고 그대로 방치된 물건들 뿐만 아니라 수천 달러
값이 나가는 공간이 유복한 미국인 가정에 남아돌고 있다. 이
공간은 어쩌다 찾아오는 손님들이나 틈틈이 이용하는 사람들에
게만 쓰여지고 있다. 이처럼 남아도는 공간이 완전하게 사용될
수 있다면 가난한 사람들도 부유한 자들과 마찬가지로 집 걱정
을 할 필요가 없게 된다. 완전한 사용이란 상상하기가 힘들지
모른다. 그러나 이렇게 남아도는 공간의 허다한 부분이 제대로
쓰일 수 있는 방법은 많이 있으며, 그렇게 된다면 부동산 투기

업자나 협잡꾼들을 제외한 모든 사람이 혜택을 누리게 될 것이다. 이런 넓은 공간을 필요 없이 소유하고 있는 사람들은 나이든 세대로서, 그들의 자녀는 이미 성장하여 출가해 버렸다. 그들이 빈 공간을 팔지 못하는 것은 그것을 구매할 만한 사람들이 주변과의 인종적 갈등을 해소할 수 없기 때문이다. 이 문제는 그런 갈등을 일으키지 않을 만큼 충분한 수의 사람들이 인종차별에 시달리는 자들을 위해 대리인으로서 집을 구매해 준다면 해결될 것이다. 또 건물 소유자들이 세들어 올 사람 때문에 공연히 기분 나쁜 일이나 위험한 일이 생길까 두려워 빈 공간을 그대로 놔두고 있는 경우도 많다. 이것 역시 소유주와 세들 사람이 잘 만나기만 하면 해결될 문제다.

위에서 제시된 두 가지 전술은 첫 번째의 것이 눈가림에 기초를 두고 있고 두 번째의 것이 신뢰를 회복하는 데 기초를 두고 있다는 점에서 서로 대립되고 있다고 할 수 있다. 그렇다고 해서 이 두 가지가 서로 충돌하는 것은 아니다. 두 전술이 모두 이웃에 대한 호의 속에서 성공적으로 쓰여지기만 한다면, 그 호의를 보다 크고 보다 값진 것으로 만들 수 있을 것이다. 또한 이 두 전술이 정략적으로 서로 충돌하는 것도 아니다. 대부분의 사람들은 가정이란 이웃의 가정과는 달리 각자가 자기의 손님을 선택적으로 받을 수 있는 하나의 성채(城砦)라는 사실을 이해하고 있다. 또한 이 두 전술은 도덕적으로 서로 충돌하는 것도 아니다. 목적이 수단을 정당화하기 때문이 아니라 각각의 경우에 따라 선택된 수단이 가장 효과적인 것으로 보이기 때문이다. 그렇지 않을 경우 위의 제안이란 무의미할 것이다.

이와 같은 방법 선택의 원리는 적응 범위가 매우 넓다. 살인죄를 처벌하는 법률마저도 자신과 타인을 보호하기 위한 정당방위로서의 살인은 용납하고 있다. 장발장 같은 사람이 굶어 죽지 않으려고 빵을 훔쳤다고 해서 그에게 유죄를 선고할 사법 제도도 거의 없다. 반대로 새로 제정되는 법률은 당연한 선택을 복잡하게 만들고 있다. 학교라는 것이 사실상 어린애들을 망치는 곳임을 알면서도 법이 그것을 요구한다고 해서 애들을 학교로 보내야 옳을 것인가? 정치적 박해를 받고 있는 사람들은 그들이 비록 법에 의해 범죄자로 낙인찍혔다고 할지라도 도와줘야 하지 않을 것인가? 법률도, 통상적인 도덕률도 전적으로 신뢰할 만한 행동규범이 돼 주지는 못하고 있는 것이다. 나치 독일에서는 법률과 일반적인 도덕에 의해 사람들이 자기 이웃의 유태인을 학살하는 데 협력하도록 요구되었다. 권력이나 특권과 같은 중대한 것들이 위험해질 때면, 법과 도덕이 무기로 사용된다.

그렇지만 개인의 도덕성도, 정치혁명의 슬로건-목적이 수단을 정당화한다는-도 어떤 해결책이 되지는 못한다. 가능한 최선의 방법을 선택한다는 것 자체가 간단한 공식으로 되는 일이 아니다. 그러나 적절한 경제적, 정치적, 전술적, 법적 또는 도덕적 기준을 적용하여 가능한 선택을 하는 것 외에는 달리 행동노선을 선택할 방법이 없는 경우가 흔히 있다. 행동의 목표가 되어 있는 건전하고 정의로운 세상, 그 세상에서 적용될 수 있으리라고 인정되는 규범이 선택되고 적용된다면, 그 이상의 좋은 지침이 없을 것이다.

세번째의 원리는 앞서 말한 가장 유용한 수단, 말하자면 협동의 원리에 함축되어 있다. 사람들이 개인으로서 선택하고 개인으로서 행동한다는 것은 불가결의 요건이다. 왜냐하면 오직 개인의 진정한 의사만이 정의의 개념에 부합될 수 있기 때문이다. 그럼에도 불구하고 이러한 순수한 개인적 행위는 영향력이 적을 뿐만 아니라 행위를 견지하는 데도 어려움이 따른다. 따라서 개인은 함께 행동하는 방법을 강구해야 한다. 다만 이러한 방법을 모색할 때 어떤 특권에 위압되어서가 아니라 독자적으로 선택하여서 하는 것이다. 여기서 리더십은 있을 수 있고 아마 있어야 할 것이지만 추종자들보다도 흔히 리더의 경우는 면밀히 선출되어야 하고 그는 전체의 의사를 따라야만 한다.

물리적이건, 혹은 기능적이건 마침내 하나의 공동체를 낳게 될 협동은 대단히 큰 이익을 가져다 준다. 현대 세계를 놓고 볼 때, 그 대부분이 공동체의 모습을 상실했지만 미래의 세계는 공동체에 기반을 두어야 한다. 설혹 전통적인 공동체가 잔존한다 하더라도 그 공동체도 재창조되어야 한다. 민중의 진정한 선택에 의해서 이룩된 공동체가 대다수의 전통적인 공동체에 뿌리 깊게 남아 있는 중노동과 계급성을 불식시키지 못한 채 다시 원래의 공동체로 귀착되어 버릴 우려가 있기 때문이다. 공동체 운동에는 또한 중요한 전략적 이득도 있다. 공동체는 법적 계약과 경찰력을 합법적으로 극복해 낼 수도 있다. 그리고 또한 공동체의 시도는 외부세계에 양식과 정의의 예증을 제시할 수도 있다.

 위에 열거한 모든 의견에 결코 참신한 것은 없다. 독창적이라고 여겨지는 의견도 기실은 기성의 관념에 새 옷을 입힌 것에 지나지 않는다. 우리는 현실을 국방성과 원자탄 혹은 시대를 거슬러 올라가더라도 육군, 해군, 공군, 은행, 법인 등등의 어휘와 연상하여 생각하는 데 익숙해져 왔다. 민중운동은 암흑시대의 유물처럼 간주된다. 그러나 미국에서 가장 선진된 지역도 200년의 역사를 지나지 못하며 남미 제국(諸國)이 독립한 것도 겨우 100년을 경과하였을 뿐이다. 그런가 하면 이스라엘을 포함한 아시아, 아프리카 여러 나라의 건국은 수십 년에 불과하다.

 이제까지 군사적 행동이 결정적인 역할을 했다는 것은 사실일 것이다. 그러나 중국의 현 지배자들은 인도와는 어떤 군사적 대결도 벌이지 않은 반면, 적에게서 빼앗은 무기로 전쟁을 승리로 이끌었다. 유토피아적 몽상이라 불려졌고 지금도 그렇게 불리고 있는 것에 구체적 현실성을 부여하는 새로운 요소가 세 가지 있다. 먼저, 중노동은 시대착오적인 것이 되었다. 둘째로, 현대의 체제는 갈수록 범세계적인 협동을 요구하고 있다. 셋째로, 세계인으로서 보편적인 교육이 이제 가능하게 되었다. 작금까지도 5인을 부양하기 위해서는 4인의 노동이 필요했었다. 영국에서는 공장의 노동력을 충당하기 위해 농민을 토지 밖으로 내몰아야 했다. 오늘날 대부분의 사람은 공장 혹은 다른 곳에서 자신의 일을 해 나가고 있다. 식량과 다른 일차 산품은 이제 이들의 노동에 의하지 않고도 보다 효율적으로 생산될 수 있게 되었다.

그러나 사람들은 제공되는 것을 가져가고 이야기 들은 것을 행함으로써 연쇄적 생산과정의 수동적 고객이자 보조자가 되는 까닭에 필수 불가결한 존재인 것이다. 그들의 협력이 없다면 생산과 분배의 통제를 위한 현재의 체제는 붕괴되고 말 것이다. 사람들은 점차로 이러한 사실들에 대해 깨닫기 시작하고 있다. 즉 대량생산에는 자기들의 육신이 더 이상 필요하지 않으며 대량생산의 전횡(專橫)에 자신의 판단과 의지를 모두 내맡기도록 강요되고 있다는 사실을 깨닫고 있는 것이다.

그러나 이러한 전횡을 하는 것은 누구인가? 생산이란 것 자체에 어떤 의지가 있을 수는 없다. 무엇이 언제 어디서 누구를 위하여 생산되어야 할지를 생산 자체가 결정하는 것은 아니다. 보이지 않는 손이란 단지 장막 뒤에 있는 누군가의 손일 뿐이다.

점점 더 사람들은 그들 자신이 다른 이들과 더불어 이 모든 것을 결정하고, 그러한 결정에 대해 실제로 모든 사람이 평등한 권리를 가지고 있다는 사실을 깨닫기 시작하고 있다. 모든 사람이 이 사실을 알게 될 때 보편적 교육은 제 방향을 찾게 될 것이다. 아직도 배워야 할 것이 많다. 자기 몫의 의무를 어떻게 수행할 것인가, 자기 몫만큼의 권리를 어떻게 주장할 것인가, 혼자 힘으로는 할 수 없는 일을 어떻게 다른 이들과 협력하여 해낼 것인가 하는 점들이 그것이다. 이러한 방법을 완전하게 터득하기란 불가능할 것이다. 그러나 모든 사람이 그 방법을 배우고 적용할 수 있는 충분한 기회를 갖게 될 때 사회는 달라지기 시작할 것이다.

이 모든 것이 단순한 훈계에 불과할 경우 그것은 여전히 어둠 속에서 울리는 희미한 소리로 남아 있을 것이다. 그러나 새로운 사태는 일어나고 있다. C. 라이히는 <미국의 녹색혁명>에서 민중혁명은 이미 시작되었다고 말했다. 전 세계의 젊은이들이 기존의 체제를 불신하고 자기들 자신의 믿음을 실현시켜 가고 있다.

젊은이들의 전술에 의해 관심을 갖게 된 많은 사람까지 포함하여 기성 세대는 아직도 자기들이 사는 세계의 부조리성을 느낄 줄 알고 있다. 억압받는 자들, 특히 부유한 나라의 억압받는 자들은 그들의 눈을 뜨기 시작했으며 행동을 위한 준비운동을 시작하고 있다. 아시아, 아프리카, 남아메리카와 같은 억눌린 세계의 대중들은 아직 대체로 침묵을 지키고 있다. 그러나 그들이 몸을 뒤척이기 시작할 때, 천둥은 처음엔 부드러운 소리로 울릴지 모르나 마침내 온 세상이 그 소리를 듣게 될 것이다. 우리는 그러한 미래를 지금 우리 손으로 출발시킬 수 있다.

■ 저자의 말

 이 책은 이반 일리치 *Ivan Illich* * 와 15년간이나 계속된 대화의 결과이다. 우리들은 그 동안 여러 가지 많은 문제들을 토의하여 왔지만 점차 교육과 학교의 문제를 집중적으로 이야기하게 되었고, 결국에는 학교교육에 대한 대안(代案)을 논의하기에 이르렀던 것이다.
 나와 일리치는 푸에르토 리코에서 만났다. 당시 나는 미연방 정부의 인력자원위원회 *The committee on Human Resources*의 사무관으로서, 푸에르토 리코 섬의 인력수요를 파악하고 이를 충당시키기 위한 교육계획을 수립하는 임무를 띠고 그곳에 체류하고 있었다. 당시 푸에르토 리코는 급속한 산업화 과정 중이었으므로 이러한 고도 경제성장에 소요되는 인력자원을 충당시키려면 교육제도 전반에 걸쳐서 낙제율 및 중퇴율을 감소시켜야 할 것이라는 결론을 내리게 되었다. 따라서 낙제율을 감소시키기 위한 모든 조치가 취해졌으며 사실상 한 동안은 낙제율이 감소되었다. 그러나 낙제율의 감소는 각 학년의 수준이 낮아진 결과일 뿐 아무런 의미가 없다는 것이 드러났다.
 일리치는 고(故) 스펠만 *Spellman* 추기경의 요청에 따라 1956년에 푸에르토 리코로 와서, 당시 푸에르토 리코 이주민으로 가득

---

* Ivan Illich : 1926년 오스트리아 수도 빈 출생. 저서, 『탈학교 논쟁 *The Deschooling Society*』은 이 책의 저자와 토론한 후에 쓴 것임 : 역주

찬 성당을 위하여 뉴욕 교구(敎區)에서 파견된 신부들의 훈련 프로그램을 마련하게 되었다. 우리는 곧 교회와 학교 문제에 대하여 공통 관심을 가지고 있으며, 또 여러 가지 점에서 서로 의견을 같이 하고 있음을 알게 되었다. 일리치는 1960년에 멕시코로 떠났으며 그 직후 나는 '진보동맹 Alliance for Progress'에 참여하게 되었다. 한편 우리는 라틴아메리카의 교육에 관한 문제점을 연구하게 되었는데, 그 결과 푸에르토 리코의 경우보다 규모만 대단히 클 뿐, 별다른 차이가 없다는 것을 알게 되었다. 여기서 우리에게 명백히 부각된 문제는, 라틴아메리카 여러 나라들이 앞으로 수 년 내에는 자국(自國) 내의 아동 전체를 교육시킬 수 있는 학교를 설립할 능력이 없다는 점이었다. 그러나 교육은 우리들 뿐만 아니라 라틴아메리카 각국의 정치 지도자들의 관점에서도 가장 근본적인 필요조건으로 드러나고 있었다. 그리하여 1968년에 우리는 이러한 딜레마와 그에 대한 해결책을 조직적으로 연구하기 시작했다.*

학교제도에 대한 분석을 하다 보니 곧 학교가 뒷받침하고 있는 사회제도와 사회구조에 대한 분석으로 우리의 연구를 확대하게 되었다. 처음에는 학교라는 제도가 급속히, 효율적으로 발전하는 기술사회 *technological society* 내에서 하나의 정체적(停滯的)인 요인으로 느껴졌다. 그러나 나중에 가서 학교제도는,

---

* 1961년에 일리치는 Cuernavaca에서 Feodora Stancioff, Brother Gerry Morris와 함께 CIDOC(Centro Intercultural de Documentación)이라는 단체 —초기에는 '국제문화센터 *The Center of Intercultural Formation*'라고 불려졌음— 를 조직하였다. 이 단체는 설립 이후 6년 동안은 주로 라틴아메리카에 파견된 선교사들을 위한 교육 프로그램을 마련하였다. 한편 일리치가 북미에서 라틴아메리카로 선교사를 파견하는 데 있어서 몇 가지 중요한 문제를 제기하는 글, 「자선의 이면(異面)」을 미국 예수회 교단에서 발행한 잡지, 『아메리카』를 통하여 발표하면서 CIDOC 활동은 이전과 이 내용을 달리하게 되었다. 그리하여 1967년 이후로는 현대의 여러 가지 사회제도, 특히 학교교육 제도를 중점적으로 분석하였다. 이 기간 중에 CIDOC은 나의 사회로 교육제도의 대안(代案)이라는 세미나를 개최하였다.

그 자체만으로 혼자서 존립할 수 없는 기술사회를 위해서, 없어서는 안될 보조 역할을 하고 있다는 것을 알게 되었다.

이러한 사회가 내포하고 있는 모순점을 한마디로 말한다면, 이 사회가 무한히 많은 사람들에게 무한한 발전을 약속하고 있다는 것이다. 이러한 약속의 불합리성은 산아제한(産兒制限)의 필요성을 인정함으로써 간단히 드러나며, 더구나 산아제한 그 자체가 발전의 결과로서 얻어질 수 있다는 것이 밝혀지고 있다. 부인들이 최소한 4년만이라도 학교에 다녔더라면, 그들은 자녀를 보다 적게 가졌을 것이다. 그러나 앞으로 출산율에 상당한 영향이 있을 만큼, 이 어린아이들이 충분히 교육받을 수 있을 때쯤 되면 세계 인구는 이미 세 배 정도로 증가해 있을 것이다. 결코 이것은 과대 평가한 수치가 아니다. 더구나 현대 의학기술을 보편적으로 혜택받게 된다면 인구 증가율은 지금의 두 배 내지 세 배가 될 것이다.* 그리고 인구 증가율이 그나마 현재 수준에서 머무르고 있는 것도, 가난한 집안의 아기들이 부유한 집안의 아기들 보다 10배나 더 많이 죽어 가도록 그냥 내버려 두고 있다는 사실 때문에 가능한 것이다.

지난 10년간, 후진 민족들이 이룩한 생활수준의 실질성장률은 그 기간 중 인구 증가율과 거의 비슷하다. 결국 일인당 생활수준을 기준으로 볼 때, 실질적인 향상은 거의 없었던 것이다.

이러한 문제는 부분적으로는 학교제도를 포함한 현대제도의 비효율성(非效率姓)에도 기인된다. 보다 중요한 이유는 무제한 적인 발전을 기대하고 있다는 데 있다. 오늘날 세계사회는 유기적(有機的)으로 연결되어 있다. 예를 들어 인도 *India*의 생활수준은 미국의 생활수준이 상승해 주어야만 그에 따라서 상승해 갈 수 있는 것이다. 반대의 경우 미국경제의 정체(停滯)는, 인도

---

* 현재 코스타 리카의 인구 증가율은 세계 인구 증가율의 3배에 달하고 있다.

United Nations ; Demographic Statistics Annual Reports

산 수출품에 대한 수요효과(需要效果)와 미국 자본의 해외 공급효과를 통하여 인도의 경제성장을 침체시키게 된다. 한편 미국의 평균소득 증가율은 인도의 평균소득 증가율의 보통 두 배에 이르고 있다. 여기서 세계의 소비수준을 미국의 수준으로 끌어올린다면, 석탄 및 석유의 소비량은 50배나 늘어날 것이며, 철의 소비는 100배, 다른 금속의 소비는 200배 이상으로 증가하게 될 것이다. 그러나 이러한 수준에 도달했을 때면, 미국의 소비수준은 다시 3배 가량 증가되었을 것이며 세계의 인구도 3배 가량 증가했을 것이다.

이처럼 그러한 예측은 처음에 출발한 가정만큼이나 불합리한 결과를 가져온다. 결국 무한정한 발전이란 있을 수 없는 것이다. 그럼에도 이러한 것이 현대사회제도가 약속하는 것이고, 이성(理性)에 의하여 제어되지 않는 과학과 기술이 약속하고 있는 사실이다. 이러한 약속이 학교제도와 다른 현대적 제도들의 성장을 촉진하였고, 이 제도들은 다시 역으로 이 약속을 널리 전파시켰다. 결국 학교제도는 기술을 왕으로 모시는 세상의 신민(臣民)을 생산하고 있는 것이다.

이러한 식의 세계가 내포한 모순들은 점차 명백하게 드러나고 있다. 이 모순들은 학교제도를 통해서 가장 잘 예증될 수 있으며, 이에 대한 해결책은 사람들이 자신의 사회에 대한 진실을 알 수 있도록 교육을 학교로부터 해방시키는 것이다.

이러한 분석과정 중에 인류 역사에 대한 해석의 문제가 제기되었으며, 비록 개략적(槪略的)이고 불완전하나마 독자들에게 이를 설명하고 지나가야겠다. 기술(技術), 제도(制度), 그리고 이데올로기 등이 원시적인 단계에 있을 때는, 적절한 지배수단(支配手段)이 없었기 때문에 상대적인 평등과 자유를 누렸다. 기술, 제도 그리고 이데올로기가 발전됨에 따라, 이를 이용하여 지배·피지배의 관계와 특권을 확립하고 유지해 나갔다. 다른 사람들을 성공적으로 지배하게 됨에 따라, 이때부터 사회, 그리고 나아가서 역사는, 평등을 성취하려는 세력과, 대립되는 개인 간(個人間), 그리고 계급간(階級間)의 지배로 특징지워졌다.

 기술이 효율적으로 발전해 가고 이데올로기가 범위를 확대해 감에 따라, 이는 기존의 특권구조를 끊임없이 위협하게 되었다. 여기서 기술의 사용을 통제하고, 이데올로기를 왜곡(歪曲)함으로써 위와 같은 위협에 대처하기 위하여 제도가 마련되었다. 혁명이 성공적으로 이루어지면 제도는 보다 넓은 기반 위에서 재조직되었으며 보다 많은 사람들에게 특권을 향유하게 하였지만, 결국에는 특권 구조 그 자체는 그대로 유지해 가곤 했다. 이러한 견해가 반드시 제도에 대한 제퍼슨 *Jefferson* 류의 회의론(懷疑論)으로 귀착되는 것은 아닐 것이다. 위와 같은 역사적 사실에도 불구하고 민주주의적 목적을 위하여 제도를 활용하기로 결심한다면, 민주주의적 제도의 가능성은 아직도 남아 있는 것이다.

 방금 서술한 역사에 대한 매우 개괄적인 해석이 이 책에서는 유일한 부분이었으면 좋겠지만, 유감스럽게도 그렇지 못할까 두렵다. 사실상 나는 나의 주장을 증거를 제시하여 증명하고, 참고자료를 제시하며, 나의 가치판단(價値判斷)을 정당화시키려고 나름대로 노력했지만, 학문적 연구의 수준을 충족시키리라고는 기대하지 않는다. 그렇게 하려면 지금 이 책이 아니라 20년쯤 뒤에 전혀 다른 책을 써야 할 것이다. 그렇지만 나는 지금 이 책을 쓰기로 작정했다. 왜냐하면 이 책이 그대로 실현되어 가는 예언 *self-fulfilling prophecy*임을 앞으로 살아가면서 보고 싶기 때문이다. 그리고 20년 뒤에 나는 아마도 살아 있지 않을 테니까.

 나의 역사관은 결과적으로, 학교나 학교가 속해 있는 사회에 대해 어느 한쪽으로 치우친 평가를 하는 것이 아니라 이 양자(兩者) 모두를 고발하고자 한다. 학교제도의 연구에 있어서 구체적인 인간행위에 연관시켜서 연구하기보다는 일반적인 연구

방법을 취하였다. 사실 학교는 개별적으로 구체적인 연구를 하기에는 너무나 방대하다. 사실상 단순한 개선(改善)이 아니라 그를 대치할 수 있는 대안(代案)을 마련하기 위해서는 개개인의 구체적인 경험을 넘어서 학교제도의 본질적인 측면까지 분석할 필요가 있다. 그러나 이렇게 추상적인 연구에서는 사람들 자신이 학생, 선생, 학부형, 혹은 학교에 관련된 다른 구체적인 역할을 맡고 있음을 인식하기가 어렵게 된다. 그리고 이와 같은 것을 일부 사람들은 불의(不義)를 모의하는 악당들에게나 가입한 것처럼 느낄 수도 있을 것이다. 그러나 이러한 것은 모두 이 책에 대한 오해에서 오는 것일 게다.

이 세상에는 나쁜 사람들도 있으며, 또 이 세상도 잘못 되어 있다. 그러나 이 세상을 그렇게 만든 것은 나쁜 사람들의 소행이 아니다. 세상이 잘못된 것은 주로 옳지 못한 제도가 이루어져 있는 데 기인한다. 사실상 이 제도란 것은 개인들의 집단적 관습에 불과하지만, 각 개인은 나쁜 사람이 아니면서도 나쁜 습관을 가질 수 있다. 일반적으로 보면 사람들은 그들의 습관—특히 제도적 관습을 인식하지 않게 된다. 이 책의 내용 중에서도 사람들이 그들의 나쁜 습관을 인식하고서 그것을 고칠 수 있음을 설명하였다. 그렇게 되면 이 세상은 여전히 불완전한 인간들로 구성되어 있더라도 보다 나은 세상이 될 것이다. 물론 사람들 중에는 자신의 나쁜 습관을 알면서도 고치지 않는 사람도 있다. 그리고 양심에 고통을 느끼게 될 것이 두려워, 자신의 관습을 검사하기를 기피하는 사람도 있다. 이 후자(後者)의 경우가 가장 옳지 못한 사람들이라 하겠다. 아무튼 여기서는 이 세상이 그 속에서 사는 사람들보다 더 잘못 되어 있다는 것을 밝히는 것으로 충분하겠다.

학교들의 구체적인 실태(實態)는 이 책에서 서술된 것보다 더 좋을 수도 있고 또 더 나쁠 수도 있다. 다른 여러 사람들이 학교를 구체적으로 기술(記述)하였는데, 그들의 연구결과는 나의 이 연구에서 없어서는 안될 자료들이다. 조지 데니슨의 보고서*와 죠나단 코졸의 보고서**에 나오는 톰 브라운, 찰리 브라운, 피치 양(孃), 그리고 아이들과 선생들이 학교의 실태에 대한 연구의 예라 하겠다. 그리고 제도적인 행위에 대한 일반적인 기술(記述)과 분석을 위한 모델은 플로이드 올포트의 저서 『제도적 행위』에서도 소개된 바 있다.***

이 책을 쓰면서, 나는 사의(謝意)를 표하기는 고사하고 다 기억하기조차 어려울 정도의 많은 신세를 졌다. 그 중에서도 내가 결코 잊을 수 없는 분들에게 감사의 뜻을 전하고 싶다. 랄프 보어슨 Ralph Bohrson의 끈덕진 주장이 없었더라면 이 책은 쓰여질 수 없었을 것이다. 포드 재단(Ford 財團)으로부터 받은 답사비와 연구 보조금 덕택으로, 나는 다른 일을 제쳐 두고 이 책에 전념할 여유를 가질 수 있었다. CIDOC로부터의 협조는 더욱 중요한 것이었는데 그 덕분에, 나는 일리치와 집중적으로 연구할 수 있었으며, 초고(初稿)를 인쇄하여 그것을 가지고 학생 및 조교들과 토론할 수 있었다. 한편 라틴아메리카, 미국 및 유럽 등지로부터 많은 교육자, 경제학자, 행정가 그리고 정치 지도자들이, 나와 일리치의 연구에 참여하였는데, 그들은 대부분 이 책 내용 중에서 혹은 주(註)에서 언급하고 있다. 특히 밝히고 싶은 것은 편집에 있어서 말할 수 없이 큰 도움을 준 죠르단 비숍 Jordan Bishop, 조지 데니슨 George Dennison, 죤 홀트 John Holt, 모니카 레이몬드 Monica Roymond, 죠안 렘플 John Remple, 미첼 사믈로스키 Michael Samlowski, 데니스

---

* George Dennison ; *The Lives of Children ; The Story of First Street School*, (New York : Random House, 1969)

** Jonathan Kozol ; *Death at an Early Age*, (New York : Bantam Books, Inc., 1968)

*** Floyd H. Allport ; *Institutional Behavior*, (chapel Hill, N. C. : Chapel Hill Press, 1933)

설리번 *Dennis Sullivan,* 그리고 이 책의 초고를 같이 토론했던 CIDOC의 여러 학생들이다.

그리고 인생에 있어서 교육과 다른 여러 가지 문제에 대하여 수년간에 걸쳐 비판적인 이야기를 들려 준 나의 처와 아들, 딸도 빼놓을 수 없다.

그러나 나의 동료 중 어느 누구도 이 책의 내용에 대해서는 직접적인 책임을 질 필요가 없겠다. 일리치 조차도 부분적으로는 나와 의견을 달리하고 있다. 그리고 이 책이 출판될 때쯤이면 아마 나 역시 이 책의 내용에 대해서 의견을 달리하게 될지도 모르겠다.

옮긴이 김석원은 1953년 인천 출생으로 서울대학교 사회학과를 졸업하고
매일경제신문 기자로 활동했다.

한마당글집3
학교는 죽었다

초판 1쇄 발행 1987년 3월 10일
개정판 1쇄 발행 1996년 4월 30일
개정판 4쇄 발행 2016년 9월 9일

지은이 | 에버레트 라이머
옮긴이 | 김석원
펴낸이 | 황정하
펴낸곳 | 도서출판 한마당
등 록 | 1979년 2월(제1-515호)
주 소 | 서울 마포구 성미산로5길 8, 102호
전 화 | 02-422-6246
팩 스 | 02-422-6201
메 일 | hanmadangbooks@gmail.com

ISBN 978-89-85512-49-7 03370
값 9,000원